科技启智

# 想通数学54问

◆李洋 著

电子工业出版社
Publishing House of Electronics Industry
北京·BEIJING

未经许可，不得以任何方式复制或抄袭本书之部分或全部内容。
版权所有，侵权必究。

**图书在版编目（CIP）数据**

想通数学 54 问 / 李洋著. —北京：电子工业出版社，2022.10
（科技启智）
ISBN 978-7-121-44296-4

Ⅰ. ①想… Ⅱ. ①李… Ⅲ. ①中学数学课－初中－教学参考资料
Ⅳ. ①G634.603

中国版本图书馆 CIP 数据核字（2022）第 170353 号

责任编辑：毕军志
印　　刷：三河市鑫金马印装有限公司
装　　订：三河市鑫金马印装有限公司
出版发行：电子工业出版社
　　　　　北京市海淀区万寿路 173 信箱　　邮编：100036
开　　本：880×1 230　1/32　　印张：8　　字数：204.8 千字
版　　次：2022 年 10 月第 1 版
印　　次：2025 年 8 月第 13 次印刷
定　　价：48.00 元

凡所购买电子工业出版社图书有缺损问题，请向购买书店调换。若书店售缺，请与本社发行部联系，联系及邮购电话：(010) 88254888，88258888。
质量投诉请发邮件至 zlts@phei.com.cn，盗版侵权举报请发邮件至 dbqq@phei.com.cn。
本书咨询联系方式：(010) 88254416。

谨以此书献给已故恩师陈德斌，

是您让我懂得，

教育就是点亮孩子心中的明灯……

# 前　　言

爱因斯坦说："提出一个问题往往比解决一个问题更重要。"李政道教授说："最重要的是提出问题。"丘成桐教授说："我从中学，就开始自己问自己数学问题，现在有多少中学生能做到？"

我就是个爱提问的人，特别喜欢刨根问底。初中一上来学有理数，我就开始提问题。

为什么负负得正？

为什么非要严格证明，不能举个例子佐证？

为什么有理数叫有理数？

为什么无限不循环小数是无理数？

为什么 $0.\dot{9}=1$ ？

为什么 $\sqrt{2}+\sqrt{3}$ 不能合成一个数？

问题的魔盒一旦打开，关都关不上。随着学习的不断深入，问题也层出不穷。

学方程有什么用？

为什么方程会有增根？

为什么函数叫函数？

为什么一次函数的图象是直线？

为什么二次函数的图象叫抛物线？

本书问了几十个"为什么"，几乎每一节都有"开脑洞"的一刻，相信很多问题都能引起读者的共鸣。

除了问"为什么"，我还爱问"还有吗？"

学乘方，除了指数为正数的情况，还有别的情况吗？例如，$a^0=?$ $a^{-1}=?$ $4^{3^2}=?$

学二进制，数制转化都是整数间的转化，那小数可以转化吗？$N$进制可以转化吗？

圆有圆心角、圆周角，这是特殊角，那其他那些普通角有没有什么规律？

"将军饮马"模型中的河是条直线，如果河是弯的，将军怎么办？没想到这个问题居然能引出经典的费马点的问题求解。既然存在费马点，能不能用尺规作图画出来呢？没想到又引出了拿破仑三角形。问来问去，很多看似毫不相干的问题，居然就连成了一大片。

有了问题，自然会绞尽脑汁去解决它，就会想方设法把手里的工具用好。用正方形的弦图法可以证明勾股定理，能不能把弦图法用到正三角形中去呢？甚至不局限于数学工具，物理的光学原理、地理的等高线绘法，只要有用，统统拿来。

## 数学从来不是加法、减法,数学是想办法!

孔子曰:"知之者不如好之者,好之者不如乐之者。"爱提问,能解题,做到这两点,相信我们一定能从数学学习过程中获得快乐,这份快乐能让我们终身受益,快乐学习、终身学习的精神自在其中。

本书精选了与初中数学相关的 54 个问题,给学习增加一些原汁原味的数学乐趣。喜爱数学的青少年读者朋友,也许能从中汲取一些灵感;对已经完成学业的大朋友,若有兴趣也可重温旧学,也许很多问题当初您也曾问过,说不准读到哪处,还会引发少年时代的一段美好回忆。

本书在创作过程中,与于飞、刘斌等几位好友进行了多次灵感碰撞,也常和父、母、妻、女探讨细节,这是我最开心的一段历程,感谢你们的陪伴,让我安心地阐述从求学到工作一以贯之的数学精神。

李洋

# 目　　录

**第一章　数** /1
问题 1　　数从何处来？ /2
问题 2　　为什么负负得正？ /6
问题 3　　$a^0$ 是多少？ /9
问题 4　　$\sqrt{2}+\sqrt{3}$ 是多少？ /14
问题 5　　A4 纸为什么长这样？ /18
问题 6　　$0.\dot{9}$ 等于 1 吗？ /20
问题 7　　为什么无限不循环小数是无理数？ /22
问题 8　　有理数与无理数怎么转化？ /25
问题 9　　二进制数怎么转换？ /28

**第二章　式** /37
问题 10　字母代数，什么没变？ /38
问题 11　式与数的处理方式一样吗？ /41
问题 12　$x^4+1$ 能进行因式分解吗？ /43
问题 13　求公因式有妙招吗？ /47
问题 14　纯数学没有用吗？ /52

| 第三章 | 方程 | /55 |
| --- | --- | --- |
| 问题 15 | 为什么要引入方程？ | /56 |
| 问题 16 | 方程与恒等式一样吗？ | /58 |
| 问题 17 | 解一次方程太简单？ | /60 |
| 问题 18 | 能用配方法分解因式吗？ | /64 |
| 问题 19 | 三次方程怎么解？ | /67 |
| 问题 20 | 解特殊方程有通法吗？ | /71 |
| 问题 21 | 增根是怎么产生的？ | /77 |
| 问题 22 | 1除以0等于多少？ | /81 |
| 第四章 | 函数 | /83 |
| 问题 23 | 什么是函数？ | /84 |
| 问题 24 | 怎么找规律？ | /91 |
| 问题 25 | 为什么一次函数的图象是直线？ | /93 |
| 问题 26 | 为什么二次函数的图象叫抛物线？ | /98 |
| 问题 27 | 怎样研究曲线？ | /103 |
| 问题 28 | 阿基米德是怎么把船点着的？ | /112 |
| 问题 29 | 反比例函数有什么特性？ | /117 |
| 问题 30 | 方程与函数有什么关系？ | /120 |
| 问题 31 | 未知与可变一样吗？ | /125 |
| 第五章 | 解析 | /127 |
| 问题 32 | 为什么要引入数轴？ | /128 |
| 问题 33 | 怎样以形观数？ | /132 |
| 问题 34 | 位置变换可量化吗？ | /136 |

| 问题 35 | 怎么在变换中抓住不变性？ | /141 |
| 问题 36 | 外星人能看得懂我们的数学吗？ | /145 |
| 问题 37 | 普通三角形可解吗？ | /152 |
| 问题 38 | 四维图形长什么样？ | /155 |
| 问题 39 | 数学也讲同理心吗？ | /161 |

## 第六章　图形 /163

| 问题 40 | 欧拉是怎么"捡漏"的？ | /164 |
| 问题 41 | 特殊四边形都是一对全等三角形吗？ | /170 |
| 问题 42 | 圆上的角有什么共性？ | /172 |
| 问题 43 | 怎么找圆？ | /179 |
| 问题 44 | 地图上的等高线能用来解题吗？ | /183 |
| 问题 45 | 地球的轨道有什么特点？ | /189 |
| 问题 46 | 怎么用三维视角研究二维问题？ | /193 |
| 问题 47 | 光是怎么反射的？ | /195 |
| 问题 48 | 光是怎么折射的？ | /200 |

## 第七章　变换 /207

| 问题 49 | 全等变换有哪些？ | /208 |
| 问题 50 | 怎么画出费马点？ | /216 |
| 问题 51 | 地图上存在不动点吗？ | /221 |
| 问题 52 | 所有抛物线都相似吗？ | /226 |
| 问题 53 | 可以用尺规来做运算吗？ | /230 |
| 问题 54 | 数学之王怎么研究问题？ | /234 |

# 第一章 数

> 上帝创造了整数,
> 其他一切都是人造的。
>
> ——利奥波德·克罗内克

# 问题 1　数从何处来？

华罗庚先生曾说过，"数（shù）起源于数（shǔ），量（liàng）起源于量（liáng）。"很多文明都抽象出了自己的数字，这些看似千差万别的数字有哪些共同特征呢？

**1．数字的基因**

首先，世界历史上的主要文明都采取了十进制，这并非偶然，应是与人类的十根手指对应，这样数起来最方便。

其次，从发音上来看，中文是一、二、三、四、五、六、七、八、九、十；英文是 one，two，three，four，five，six，seven，eight，nine，ten，整体来说都是短促有力的。当然，相对于英文，中文发音更加短促简洁，越往后数，就数得越快、越有规律，看来中国人在数数这项比赛中赢在了起跑线上。

最后，从书写的角度来看，如表 1-1 所示，阿拉伯数字、罗马数字、中文数字等几种常见数字都很简洁，同时区分度也比较大。相形之下，阿拉伯数字的优势最显著，几乎所有数字都是简单的一笔，不仅好写，区分度还大，特别是 1 和 0，一竖一圈，最简单的两个动作，就把最重要的两个数勾勒出来了。

第一章　数

表 1-1

| 阿拉伯数字 | 0 | 1 | 2 | 3 | 4 | 5 | 6 | 7 | 8 | 9 |
|---|---|---|---|---|---|---|---|---|---|---|
| 罗马数字 |  | I | II | III | IV | V | VI | VII | VIII | IX |
| 中文数字 | 〇 | 一 | 二 | 三 | 四 | 五 | 六 | 七 | 八 | 九 |

数作为一种工具，简洁高效有规律，是嵌入其基因的特征。这也是为什么全世界最后都选择了阿拉伯数字作为读/写形式，因为它的基因特征最显著。

## 2. 运算造数

人类最早使用的数是"自然数"，就是 0，1，2，3，4，5，…——这些用来数（shǔ）的数（shù）。

有了数（shù），在数相同的物品时嫌反复数太慢，本着"工具追求高效"的原则，自然地衍生出"加"这个运算动作；而其反向的动作，就是"减"，减是加的逆运算。这个逆运算很调皮，小数减大数，比如，1−2＝？得到的结果明显不是自然数，怎么办？于是先人们开动脑筋，又约定了一种新数——负数，比如，−1，−2，−3等。通过加减运算，自然数扩展到了"整数"。

有了加，先人们又嫌反复加太慢，于是创造了"乘"运算，就是连加；而其反向的动作，就是"除"运算。乘和除是一对新的逆运算。很快，除的运算结果又超出了整数的范围，先人们再约定一种新数，比如，$\frac{1}{2}$，$-\frac{5}{3}$ 等，称之为"分数"。

整数和分数,统称为"有理数"。我从第一次接触"有理数"这个名字的时候就充满了疑问,难道是这些数有道理?苦于当时身边没有互联网这一超级图书馆,百思不得其解,直到后来读到张景中院士的科普专著《从$\sqrt{2}$谈起》,才弄清缘由。

原来有理数的英文是 Rational Number,明治维新后日本人去西方取经,因 rational 有"理性的、合理的"之意,故翻译为有理数,而中国人又从日本人那里引入这一概念,一用就是百余年。其实,rational 此处用了 ratio(比例)这一词源,是"可成比例"的意思。有理数,就是可以变成一个成比例的数,用数学语言来说,即 $\frac{p}{q}$(其中,$p$, $q$ 是整数,$q \neq 0$),当时读到此处,真是恍然大悟,感慨万千。

有了乘,先人们又嫌反复乘太慢,于是创造了"乘方"运算,约定:

$$a^n = \underbrace{a \cdot a \cdots \cdot a}_{n\text{个}}$$

乘方也就是连乘。逆运算"开方"应运而生;又一种新数也跟着来了,开方开不尽的数称为"根号数",例如,$\sqrt{2}$,$\sqrt[3]{5}$ 等。数学家希帕索斯(Hippasus)发现正方形的对角线与边长之比($\sqrt{2}$)不能成比例,它"不讲理"!这颠覆了当时哲人们"万物皆数"(他们以为数就是有理数)

# 第一章 数

的认知,史称"第一次数学危机"。为了化解这场危机,毕达哥拉斯学派的"智者们"把希帕索斯扔到海里喂鱼去了!原来不是数不讲理,是智者们不讲武德!可是,人可以喂鱼,真理却不会被埋没,最终人们选择屈服并接受了这种新数,给它起名为"Irrational Number(无理数)"。

当然,无理数也并非都从开方而来,像著名的圆周率π,是由几何测量而来的。最著名的两个无理数,$\sqrt{2}$是正方形的对角线与边长之比,π是圆的周长与直径之比,恰好是一方一圆。

人类再次扩充了自己对数的理解范围,给所有数起了个新名——实数。人们以为这次终于解密了全部数,如图1-1所示,可是这真的是全部吗?实数之外,我们还会遇到什么样的新数呢?问题22我们会再次讨论这一话题。

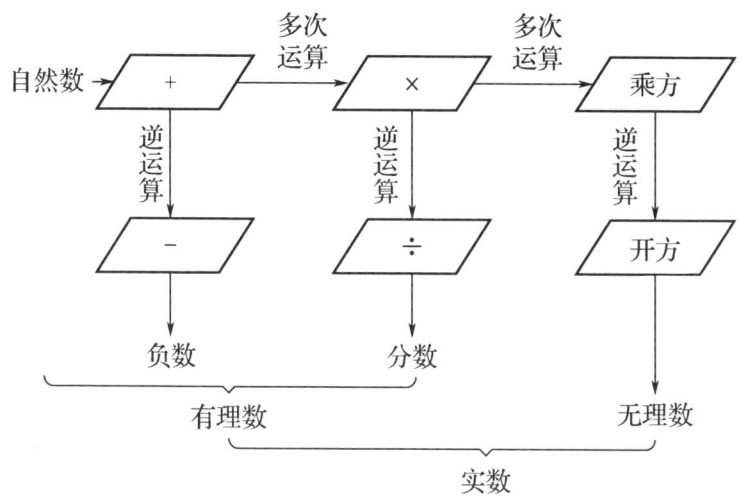

图1-1

# 问题2　为什么负负得正?

千百年来，欧洲人见过无数只天鹅，都是白色的，于是他们坚信世界上的天鹅都是白色的，直到 17 世纪在澳洲新大陆发现了第一只黑天鹅……

刚开始学习正负数时，问得最多的一个问题是：为什么"负负得正"？

初中数学教材用"找规律"的方法加以解释，但这只是一种合理猜测。生活中的确也有很多这样的例子，例如，减少负债相当于赚钱，减少扣分相当于加分，等等。无论找规律还是举例子，都是说明"负负得正"的好方法，但它不能排除"黑天鹅"存在的可能性，要想彻底相信"负负得正"的正确性，还需要一个严格的证明。

证明不是凭空而来的，它需要一个前提，一个达成共识的前提。假设我们有一个共识：负数应运算而生，仍遵循四则运算法则。那我们就运用好运算法则，特别是交换律、结合律、分配律，来证明负数的乘法法则。

## 1. 负正得负

对于任意两个正数，$a>0$，$b>0$，那么 $-a$，$-b$ 就是两个负数。

先证 $(-1) \cdot a = -a$：

$$(-1) \cdot a = (-1) \cdot a + 0 = (-1) \cdot a + a - a = (-1) \cdot a + 1 \cdot a - a$$
$$= (-1+1) \cdot a - a = 0 \cdot a - a = -a$$

再证 $(-a) \cdot b = -(a \cdot b)$：

$$(-a) \cdot b = (-1) \cdot a \cdot b = (-1) \cdot (a \cdot b) = -(a \cdot b)$$

## 2. 负负得正

先证 $(-1) \times (-1) = 1$：

$$(-1) \times (-1) = (-1) \times (-1) + 0 = (-1) \times (-1) - 1 + 1$$
$$= (-1) \times (-1) + (-1) \times 1 + 1$$
$$= (-1) \times (-1+1) + 1 = (-1) \times 0 + 1 = 1$$

再证 $(-a) \cdot (-b) = a \cdot b$：

$$(-a) \cdot (-b) = (-1) \cdot a \cdot (-1) \cdot b = (-1) \times (-1) \cdot a \cdot b = 1 \cdot a \cdot b = a \cdot b$$

注意，我们证明的是"任意"两个负数，这意味着"黑天鹅"永远不会出现了。

很多时候，数学就是如此"绝对"。这种绝对，是数学与物理、化学等实验科学的一种区别，只要前提假设和证明逻辑无误，数学结论就永远是真理，历经千百年不容置疑，例如，勾股定理自从被证明之后就永远不会再被证伪；而实验科学是在尝试解释现实世界，其结论往往来自观察和归纳，只要有足够的实验佐证即可认为其合理，但科学结论并不追求绝对正确，反而"可证伪性"才是科学的本质特征，旧理论最终会被新理论代替，经典力学、相对论、量子力学的发展历程就很好地展现了这一点。这种绝对，也是对数学的一种保护。例如，费马曾经猜想 $2^{2^n}+1$（$n$ 为自然数）必然是质数，他进行了多次试验，都符合这一猜想；但是 92 年后，欧拉发现 $2^{2^5}+1 = 4\,294\,967\,297 = 641 \times 6\,700\,417$ 不是质数，一只"黑天鹅"的出现就彻底否定了费马的这个猜想。

# 第一章 数

## 问题 3  $a^0$ 是多少?

——刚学乘方这个新运算时不习惯,不会用,怎么办?

——化归。

**【例 1】** 计算 $3^{2022} \times \left(\dfrac{1}{3}\right)^{2023}$。

**【析】** 如果对乘方的运算规则不清晰,那就用定义把乘方转化回乘法。

$$3^{2022} \times \left(\dfrac{1}{3}\right)^{2023} = (\underbrace{3\times 3\times\cdots\times 3}_{2022\text{个}}) \times \left(\underbrace{\dfrac{1}{3}\times\dfrac{1}{3}\times\cdots\times\dfrac{1}{3}}_{2023\text{个}}\right)$$

$$= \underbrace{\left(3\times\dfrac{1}{3}\right)\times\left(3\times\dfrac{1}{3}\right)\times\cdots\times\left(3\times\dfrac{1}{3}\right)}_{2022\text{个}}\times\dfrac{1}{3}$$

$$= \underbrace{(1\times 1\times\cdots\times 1)}_{2022\text{个}}\times\dfrac{1}{3} = \dfrac{1}{3}$$

其实我们最初学乘法利用的也是这一思路,先把乘法转化成加法,等慢慢熟悉了,建立了乘法口诀表,再算乘法就驾轻就熟了。

利用相同的化归法,还很容易推导出四个乘方公式($m$, $n$ 为正整数):

$$a^m \cdot a^n = a^{m+n} \quad ①$$

$$(a^m)^n = a^{m \cdot n} \quad ②$$

$$(a \cdot b)^n = a^n \cdot b^n \quad ③$$

$$\frac{a^m}{a^n} = a^{m-n} \quad ④$$

## 1．零次幂和负次幂

前面的乘方运算都是正数次幂，很容易产生一个让人好奇的问题：零次幂、负次幂分别是多少？

本着运算规则的一致性，由公式④出发，将 $m$，$n$ 取不同值即可获得零次幂、负次幂公式。

令 $m = n$，公式④变成 $1 = a^0$；

令 $m = n - 1$，公式④变成 $\dfrac{1}{a} = a^{-1}$；

令 $m = 0$，公式④变成 $\dfrac{a^0}{a^n} = a^{0-n}$，即 $\dfrac{1}{a^n} = a^{-n}$。

数学中还有一个与 $a^0 = 1$ 类似的例子，就是阶乘。阶乘的定义是 $n! = n \times (n-1) \times \cdots \times 3 \times 2 \times 1$，例如，$5! = 5 \times 4 \times 3 \times 2 \times 1 = 120$。

第一章 数

那么0!等于多少？通过阶乘的定义，可以推导出公式$n!=n\cdot(n-1)!$，令$n=1$，公式就变成$1!=1\times(1-1)!=1\cdot 0!$，故$0!=1$。

这两个例子背后有一个共通的思想，就是空积（empty product）。加法的起点是0，乘法的起点是1；如果0个数相加，那么这个和就是加的起点0，从0开始什么都没加那就还是0；如果0个数相乘，那么这个积就是乘的起点1，从1开始什么都没乘那就还是1。$a^0$，$0!$，都是空积。

## 2. $4^{3^2}$怎么算？

我们对$4^3$很熟悉，如果向上再垒一层，$4^{3^2}$怎么计算呢？

当一个数学问题不知道从何入手时，最好的办法是先查定义，就像读书时遇到不认识的字去查字典一样，多数情况下一查定义便知晓问题所在。可是假如没地儿可查，怎么办？读书遇到生字的时候可以联系上下文去猜，数学我们也可以猜，但不是乱猜，也要联系上下文来猜。

看到$4^{3^2}$，最直接的想法是先按乘方的计算方法，分别计算$4^{(3^2)}$和$(4^3)^2$，万一两种算法的结果一样呢？

$4^{(3^2)}=4^9$，$(4^3)^2=4^6$，计算结果不一样。看来这招不行，还得再想办法。

怎么联系上下文呢？首先联想自己已经学过的知识，

通过类比找规律。回到这个问题，怎么找规律，跟谁去类比呢？这道题的关键是不知道计算顺序，是运算规则问题，那就跟之前已经学过的运算规则去类比。总体来说，后学的运算优先级高于前面学的运算，即乘方和开方（三级运算）优先于乘除法（二级运算），乘除法优先于加减法（一级运算）。这点是很明确的，通过下面几个例子，我们来回顾一下具体情况。

（1）简单的：当加法和乘法一起出现时，先算谁？例如，$2+3\times4$，要先算乘法。如果想先算加法怎么办？需要加括号，变成$(2+3)\times4$。

（2）复杂的：当乘法和乘方一起出现时，先算谁？例如，$3\times4^2$，要先算乘方。如果想先算乘法怎么办？需要加括号，变成$(3\times4)^2$。

总结规律就是，等级低的运算要想先算，需要加括号。那我们就可以通过考查是否需要加括号，来反推运算的等级顺序。

再看$4^{3^2}$，是下面的底数运算优先级高，还是上面的指数优先级高呢？我们从$(3\times4)^2$来继续延伸，$3^{4\times2}$中，要想先算$4\times2$，需要加括号吗？不用。先算底数需要加括号，先算指数不用加括号，说明指数运算优先级更高，要先算指数，因此$4^{3^2}=4^{(3^2)}=4^9$。

第一章 数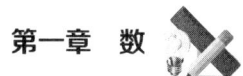

猜的一定对吗?不一定。当能找到"字典"的时候,就要赶紧去验证自己的猜测是否合理!因为这个知识是经过自己琢磨加工过的,哪怕猜错了,看到正解的时候也会印象深刻。

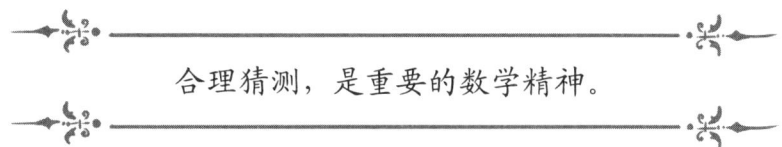

合理猜测,是重要的数学精神。

## 问题4  $\sqrt{2}+\sqrt{3}$ 是多少?

如果 $x^2=a$（$x \geq 0$），则称 $x$ 为 $a$ 的算术平方根，记为 $x=\sqrt{a}$，称 $\pm\sqrt{a}$ 为 $a$ 的平方根。开平方是初中数学学习过程中遇到的第一个真正的新知识，总觉得怪怪的，不好理解，别着急，我们一步一步拆解它。

### 1. 完全平方数

有一类数可以直接被开平方，例如，1, 4, 9, 16, 25, …，也就是乘法口诀表中每行行尾的那个数，叫完全平方数。

如果 $\sqrt{\phantom{x}}$ 下正好是完全平方数，那就直接开方，例如，$\sqrt{9}=\sqrt{3^2}=3$。

问：$\sqrt{4}$ 的平方根是（　　）？

答案是 $\pm\sqrt{2}$，你注意到这个小题目的双重陷阱了吗？

### 2. 根号数的乘除法

两个根号数的乘法运算起来非常顺利，例如，$\sqrt{2}\times\sqrt{3}=\sqrt{2\times3}=\sqrt{6}$，这个算式是怎么来的呢？显然 $\sqrt{2}\times\sqrt{3}$ 是一个正数。

$$(\sqrt{2}\times\sqrt{3})^2=(\sqrt{2}\times\sqrt{3})\times(\sqrt{2}\times\sqrt{3})=(\sqrt{2})^2\times(\sqrt{3})^2=6$$

由算术平方根定义得 $\sqrt{2} \times \sqrt{3} = \sqrt{6}$。

根号数的除法与乘法的道理一样。根号数的乘除法则如下：

$$\sqrt{a} \cdot \sqrt{b} = \sqrt{a \cdot b} \quad (a \geq 0, b \geq 0) \quad ①$$

$$\frac{\sqrt{a}}{\sqrt{b}} = \sqrt{\frac{a}{b}} \quad (a \geq 0, b > 0) \quad ②$$

### 3．利用乘除法开平方

完全平方数可以直接开平方，如果不是完全平方数呢？如果 $\sqrt{\ }$ 下含有完全平方数，利用 ① 式，先把完全平方数分离出来后单独开方，其他的留在 $\sqrt{\ }$ 下即可，例如，$\sqrt{18} = \sqrt{3^2 \times 2} = \sqrt{3^2} \times \sqrt{2} = 3\sqrt{2}$。

这个2，就心安理得地把它留在 $\sqrt{\ }$ 下，别担心，这也是个数，我们要习惯这种不完美。

怎么寻找完全平方数呢？特别是怎么找到 $\sqrt{\ }$ 下包含的全部完全平方数呢？分解质因数。

如果遇到 $\sqrt{\ }$ 下的数是分数，像 $\sqrt{\frac{3}{2}}$，利用②式化简，$\sqrt{\frac{3}{2}} = \frac{\sqrt{3}}{\sqrt{2}} = \frac{\sqrt{3} \times \sqrt{2}}{\sqrt{2} \times \sqrt{2}} = \frac{\sqrt{6}}{2}$。当分母中不含 $\sqrt{\ }$ 时，就便于通分，进而有可能进行加减运算。

像这样，如果一个分数中，分母不带$\sqrt{\phantom{x}}$，分子的$\sqrt{\phantom{x}}$下不含完全平方数的数，称为最简根号数，这是进行根号数加减法的前提。

### 4．根号数的加减法

当我们把根号数化简为最简形式后，如果$\sqrt{\phantom{x}}$下的数完全一样，那么两数相加就可以合并同类项，例如，$\sqrt{2}+\sqrt{2}=2\sqrt{2}$。如果$\sqrt{\phantom{x}}$下的数不一样，遇到$\sqrt{2}+\sqrt{3}$这种情形就很麻烦了，如果强行按以前的加法规则运算，$\sqrt{2}+\sqrt{3}=\sqrt{5}$，等式两边一平方，就会发现等式不成立。

$\sqrt{2}$与$\sqrt{3}$的和不是$\sqrt{5}$，能不能是另一个数$\sqrt{a}$呢？只要是一个数的形式就好。可惜也不行。假设$\sqrt{2}+\sqrt{3}=\sqrt{a}$，其中$a$是有理数；两边平方，左边$(\sqrt{2}+\sqrt{3})^2=5+2\sqrt{6}$，这是一个无理数，而右边$(\sqrt{a})^2=a$，却是一个有理数；左右不相等，愿望破灭了。就像心安理得地接受$\sqrt{2}$一样，对于$\sqrt{2}+\sqrt{3}$我们也一样要学会接纳，它就是一个数。

如图1-2所示，还可以从图形的视角帮助我们加深根号数的加减法的印象，牢记$\sqrt{2}+\sqrt{3}\neq\sqrt{5}$。取长度分别为$\sqrt{2}$，$\sqrt{3}$，$\sqrt{5}$的三条线段，因为$(\sqrt{2})^2+(\sqrt{3})^2=(\sqrt{5})^2$，由勾股定理逆定理可知，这三条线段可以拼成一个直角三角形。$\sqrt{2}+\sqrt{3}$是两条直角边的长度之和，$\sqrt{5}$是斜边长度，三角形两边之和怎么可能等于第三边呢？

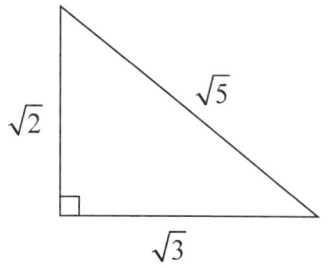

图 1-2

想要尽快掌握根号数的运算技巧,一定要尽快熟悉上述规则,如果拿不准,可以逆向做平方运算试验一下,千万不要想当然……

## 问题5  A4纸为什么长这样?

假设你是造纸厂的设计师,负责设计纸的尺寸规格,老板提了如下要求:

(1)造纸线只生产面积为1m²的矩形纸张,称为"全开纸",其他规格的纸都在全开纸基础上裁剪获得;

(2)把全开纸对折一分为二,得到的新纸与全开纸的长宽比保持不变。

你能设计出满足老板要求的纸张吗?

如图 1-3 所示,$\dfrac{x}{y} = \dfrac{y}{x/2}$,则 $\left(\dfrac{x}{y}\right)^2 = 2$,得 $\dfrac{x}{y} = \sqrt{2}$,即纸的长宽比统一为 $\sqrt{2}$,这一规格完全符合老板的要求。

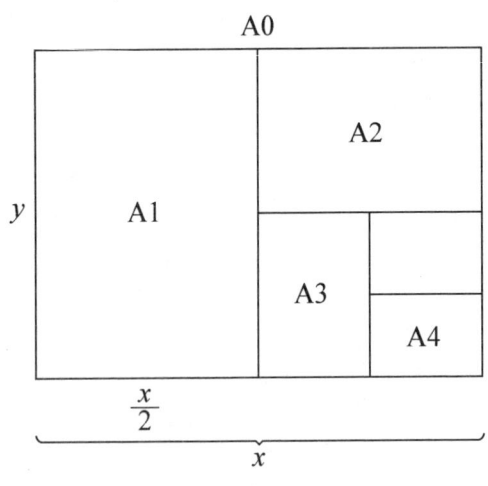

图 1-3

## 第一章　数

实际上，面积为 $1m^2$ 的全开纸就是造纸标准中的 A0 纸（841mm×1189mm），而将它对折 4 次后就得到了我们最常用的 A4 纸（210mm×297mm）。不同大小的纸的长宽比都是 $\sqrt{2}$，这样的设计对于生产、包装和打印都非常实用，这就是开方的威力。

## 问题6　$0.\dot{9}$等于1吗？

小数化分数，是算术的基本功之一。小数分为有限小数、无限循环小数和无限不循环小数三类，利用十进制规则，很容易将有限小数转化为分数，能否将任意一个无限循环小数转化为分数呢？

以$0.\dot{2}\dot{7}$为例，可令$a = 0.\dot{2}\dot{7}$，则

$$100a = 27.\dot{2}\dot{7}$$

$$100a - a = 27.\dot{2}\dot{7} - 0.\dot{2}\dot{7} = 27$$

$$99a = 27$$

$$0.\dot{2}\dot{7} = a = \frac{3}{11}$$

这是将无限循环小数转化为分数的一般方法，对于所有无限循环小数都有效。在这个过程中，我们会发现一个神奇的事情，如果令$a = 0.\dot{9}$，则

$$10a = 9.\dot{9}$$

$$10a - a = 9.\dot{9} - 0.\dot{9} = 9$$

$$9a = 9$$

$$0.\dot{9} = a = 1$$

$0.\dot{9}$ 怎么会是 1 呢？它们长得都不一样，而且，$1-0.\dot{9}=0.000\cdots01$，并不等于 0 呀！

长得不一样好解释，$\sqrt{4}=2$，它俩开始长得也不一样。$1-0.\dot{9}$，用竖式做减法，小数点后一位一位减下去，最后在小数的末尾真的有一个 1 吗？如果我们做计算，会发现 $1-0.\dot{9}=0.\dot{0}$，0 的无限循环就是 0。

通过分析，我们得到结论，$0.\dot{9}$ 的确等于 1。

# 问题 7　为什么无限不循环小数是无理数？

有限小数、无限循环小数都可以化为分数，无限不循环小数能否化为分数呢？

## 1. 无限不循环小数不能化成分数

先热热身，做一组简单的除法，用 1 除以 2，3，4，5，6，7，这组除法做下来，相信读者们都能从中感知到一点规律。用 1 除以 2，4，5 可以很快除尽，用 1 除以 3，6 可以很快进入循环，而用 1 除以 7 却要除到第 7 位才开始循环；除法计算开始循环的标志就是同一个余数第二次出现，对于 3 和 7 来说，这个重复的余数是 1，对于 6 来说，这个重复的余数是 4。

如果用正整数 $m$ 除以正整数 $n$，那么每除一步得到的余数必然小于 $n$，余数有多少种可能性呢？0，1，2，…，$n-1$，一共有 $n$ 种。因此，一直除下去，最多除 $n+1$ 次，必然有余数会重复出现，之后的小数数位上的数值就开始循环了，$m \div n$ 将得到一个无限循环小数；最特殊的情况，如果这个重复的余数是 0，那么 $m \div n$ 将得到一个有限小数，可将有限小数看作以 0 为循环节的无限循环小数。

一个分数，可以看作分子除以分母的除法，由上述分析可知，这个除法一共有两种可能：(1) 能除尽，分数可化成有限小数；(2) 除不尽，分数将化成无限循环小数；除此之外，别无可能，即分数不可能变成无限不循环小数。

假设一个无限不循环小数可以转换成分数，那这个分数可以变成有限小数或无限循环小数，也就是说一个无限不循环小数可以变成有限小数或无限循环小数，这是相互矛盾的，所以假设不成立，无限不循环小数不能化成分数。

有理数就是可以化成分数的数，用数学语言来说，即 $\frac{p}{q}$ 的形式（$p$，$q$ 是整数，$q \neq 0$）；不是有理数的实数是无理数。现在证明了无限不循环小数不能化为分数，也就证明了：无限不循环小数不是有理数，而是无理数。

## 2. 连分数

虽然我们不能把无限不循环小数直接转化为分数，但是可以把它转化为连分数。例如，$\sqrt{2}$ 可以通过如下方式进行转化。

首先，将 $\sqrt{2}-1$ 作如下变形：

$$\sqrt{2}-1 = \frac{1}{1+\sqrt{2}} = \frac{1}{2+(\sqrt{2}-1)}$$

利用这个式子反复迭代，我们可将 $\sqrt{2}$ 化为如下形式：

$$\sqrt{2} = 1 + \cfrac{1}{2+(\sqrt{2}-1)} = 1 + \cfrac{1}{2+\cfrac{1}{2+(\sqrt{2}-1)}}$$

$$= 1 + \cfrac{1}{2+\cfrac{1}{2+\cfrac{1}{2+(\sqrt{2}-1)}}} = 1 + \cfrac{1}{2+\cfrac{1}{2+\cfrac{1}{2+\cdots}}}$$

用这个方法，可以不断地逼近$\sqrt{2}$，是求$\sqrt{2}$近似值的一个有效方法。用分数形式近似表示无理数，是一个很高级的想法，我国伟大的数学家祖冲之就曾用很简单的分数来有效近似$\pi$，是世界数学史的一大成就。

祖冲之，429—500年，南北朝人，首次将圆周率精算到小数点后第七位，建议用$\dfrac{22}{7}$（约率）和$\dfrac{355}{113}$（密率，比它更精确的分数是$\dfrac{52163}{16604}$）来近似$\pi$，领先世界1000年。祖冲之不仅是数学家，还制定了《大明历》，在机械制造、音乐、文学上也颇有建树。更了不起的是，他还把儿子祖暅也培养成了大数学家。著名的"祖暅原理"正确推导出了球体积公式，又领先世界1000年。

第一章 数

## 问题 8 有理数与无理数怎么转化？

全体实数都可用小数的形式来表示，其中有限小数和无限循环小数都可以转化为分数，根据有理数的定义，它们都是有理数；而无限不循环小数不能化为分数，因此它不是有理数，而是无理数。在实数范围内，有理数、无理数是非此即彼、泾渭分明的两类数，那它们之间能否相互转化呢？或者说，通过加、减、乘、除运算，什么时候有理数与无理数可以互相转化？什么时候不能呢？

**命题 1**：两个有理数进行加、减、乘、除运算后得到的数，还是有理数。

【证】假设两个有理数为 $a$，$b$，$a+b=X$，$ab=Y$。

根据有理数的定义，必然存在整数 $p, q, s, t$（$q \neq 0$，$t \neq 0$），使得 $a=\dfrac{p}{q}$，$b=\dfrac{s}{t}$；则

$$X = a+b = \frac{p}{q}+\frac{s}{t} = \frac{pt+qs}{qt} \quad Y = ab = \frac{p}{q} \cdot \frac{s}{t} = \frac{ps}{qt}$$

$X$，$Y$ 都符合有理数的定义，都是有理数。减、除是加、乘的逆运算，同理可证明其成立。命题得证。

对于命题 1，唯一的例外是除数不能为 0，这个例外一

直令人困扰,问题22我们会专门讨论除数为什么不能为0。

**命题 2**:两个无理数进行加、减、乘、除运算后得到的数,还是无理数。

【证】这个命题错误,结果既可能是有理数,也可能是无理数,举几个例子即可,如表 1-2 所示。

表 1-2

| | 运算结果是有理数 | 运算结果是无理数 |
|---|---|---|
| 加 | $(-\sqrt{2})+\sqrt{2}=0$ | $2\sqrt{2}+\sqrt{2}=3\sqrt{2}$ |
| 减 | $(\sqrt{2}+1)-\sqrt{2}=1$ | $2\sqrt{2}-\sqrt{2}=\sqrt{2}$ |
| 乘 | $2\sqrt{2}\times\sqrt{2}=4$ | $\sqrt{3}\times\sqrt{2}=\sqrt{6}$ |
| 除 | $2\sqrt{2}\div\sqrt{2}=2$ | $\sqrt{6}\div\sqrt{2}=\sqrt{3}$ |

**命题 3**:一个无理数加(减)一个有理数,得到的结果一定是无理数。

【证】假设这个无理数为 $M$,这个有理数为 $a$。

令 $M+a=X$,则 $M=X-a$。

采用反证法,如果 $X$ 是有理数,两个有理数 $X$, $a$ 相减,所得的结果 $M$ 还是有理数,与 $M$ 为无理数矛盾,因此 $X$ 一定是无理数。命题得证。

**命题 4**:一个无理数乘(除)一个非 0 有理数,得到的结果一定是无理数。

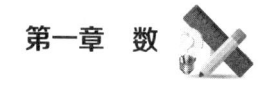

【证】假设这个无理数为 $M$，这个有理数为 $a(a \neq 0)$。

令 $M \cdot a = X$，则 $M = \dfrac{X}{a}$。

采用反证法，如果 $X$ 是有理数，两个有理数 $X, a$ 相除，所得的结果 $M$ 还是有理数，与 $M$ 为无理数矛盾，因此 $X$ 一定是无理数。命题得证。

注意，命题 4 中一定要强调"非 0"，因为任何数乘 0 都是 0，而 0 是一个有理数；任何数都不能除以 0。

总结一下上述四个命题的讨论方法，如果要证明一个命题正确，我们一般从定义出发来推演，对无理数往往使用反证法；如果要证明一个命题错误，或只是论述命题的可能性，举出合适的例子即可。

有了关于有理数、无理数之间运算转化的这些认识，下面这种题目就迎刃而解了。

【例 1】$x, y$ 是有理数，且满足 $(1+\sqrt{2})x+(2+\sqrt{2})y-3-2\sqrt{2}=0$，求 $2x-y$ 的值。

【析】按有理数、无理数重新分类，将原题中的等式变形为 $(x+2y-3)+(x+y-2)\sqrt{2}=0$，要使等式成立，须满足

$$\begin{cases} x+2y-3=0 \\ x+y-2=0 \end{cases}$$

得 $x=y=1$，则 $2x-y=1$。

# 问题 9　二进制数怎么转换？

在一个忙碌的工厂里，工人们正在把豆子装进瓶子中，但他们的装瓶规则有点特别。

一排工人坐在一条从左向右的传送带前，准备用瓶子装豆子。先选定最右边一个人 A，给他 9 个一样大的瓶子，每个瓶子的大小正好只能装 1 粒豆子。A 左侧的人 B 也有 9 个一样大的瓶子，他的瓶子比 A 的瓶子大，每个瓶子的大小正好能装 10 粒豆子。以此类推，每个人自己的 9 个瓶子一样大，但是越靠左侧的人的瓶子越大。两个相邻的工人，左侧工人手里 1 瓶豆子的粒数，正好等于右侧工人手里 10 瓶豆子的粒数。简单地说，就是"以一当十"——左 1 当右 10。

分工完毕，厂长把豆子倒到传送带上，工人们开始装豆子。

最左侧的人瓶子最大，他先来装。如果能装满一瓶，那就把装满的瓶子摆在桌子上面；装满一瓶再装下一瓶，他的瓶子大到装不满 9 瓶；剩余的豆子不能装满一瓶时，那就不再装了，把空瓶藏到桌子下面，剩余的豆子留在传送带上向右传。

第一章 数

从左到右，一个人接着一个人来装瓶，最后所有的豆子都能装进瓶子里。现在通过数瓶子就可以知道豆子的总数量。如图 1-4 所示，我们知道一共有 1603 粒豆子。

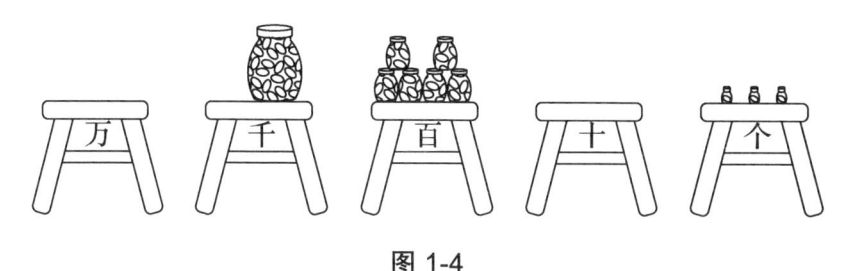

图 1-4

1，6，0，3 这四个数分别表示什么呢？

1 代表 1 瓶 1000 粒豆子，6 代表 6 瓶 100 粒豆子，0 代表 0 瓶 10 粒豆子，3 代表 3 瓶 1 粒豆子，加起来就是 1603 粒豆子，用乘方（幂次）的视角来看，就是

$$1603 = 1\times10^3 + 6\times10^2 + 0\times10 + 3\times1$$

这其实就是我们熟悉的十进制。

计算机时代，二进制的重要性毋庸置疑。人类有 10 根手指，喜欢用十进制来计数。计算机却只认"开"和"关"，对应为 0 和 1，所以只认二进制。想要联通碳基生命和硅基生命，必须要学会互相翻译二者的语言。

### 1. 十进制与二进制，有什么本质的一致性？

简单来说，十进制的规则，自右向左就是"逢十进一"，

自左向右就是"以一当十",不仅是整数,小数也遵循这个规则。从表 1-3 来看,十进制的规则一目了然,具有高度的统一性。

表 1-3

| 数位 | …… | 万 | 千 | 百 | 十 | 个 | 十分 | 百分 | 千分 | …… |
|---|---|---|---|---|---|---|---|---|---|---|
| 小数形式 | …… | 10000 | 1000 | 100 | 10 | 1 | 0.1 | 0.01 | 0.001 | …… |
| 分数形式 | …… | 10000 | 1000 | 100 | 10 | 1 | $\frac{1}{10}$ | $\frac{1}{100}$ | $\frac{1}{1000}$ | …… |
| 幂次形式 | …… | $10^4$ | $10^3$ | $10^2$ | $10^1$ | $10^0$ | $10^{-1}$ | $10^{-2}$ | $10^{-3}$ | …… |

以十进制相同的视角再看二进制,那就是自右向左"逢二进一"、自左向右"以一当二"。以装豆子的场景来看,就是一人手里 1 个瓶子,相邻两人的瓶子,左 1 当右 2。举个例子,$1101_{(2)}$,这个数由 1,1,0,1 四个数组成。为什么都是 1 和 0?因为逢二就已经进位为一了,所以见不到 2。从乘方的视角来看,就是 $1101_{(2)} = 1\times 2^3 + 1\times 2^2 + 0\times 2 + 1\times 1$。

如表 1-4 所示为 1101 的数位与数值的对应。

表 1-4

| 数位 | …… | $2^3$ | $2^2$ | 2 | 1 |
|---|---|---|---|---|---|
| 数值 | …… | 1 | 1 | 0 | 1 |

将十进制与二进制放在一起比较,会发现它们完全遵

守相同的规则。同理，$N$ 进制也遵守相同的规则，即"逢 $N$ 进一"，如表 1-5 所示。

表 1-5

| 数位 |  |  |  |  | 个 |  |  |  |  |
|---|---|---|---|---|---|---|---|---|---|
| 十进制 | …… | $10^4$ | $10^3$ | $10^2$ | $10^1$ | $10^0$ | $10^{-1}$ | $10^{-2}$ | $10^{-3}$ | …… |
| 二进制 | …… | $2^4$ | $2^3$ | $2^2$ | $2^1$ | $2^0$ | $2^{-1}$ | $2^{-2}$ | $2^{-3}$ | …… |
| $N$ 进制 | …… | $N^4$ | $N^3$ | $N^2$ | $N^1$ | $N^0$ | $N^{-1}$ | $N^{-2}$ | $N^{-3}$ | …… |

## 2．十进制数与二进制数，如何互相转化？

首先，以二进制数 $1101_{(2)}$ 为例，将其转化为十进制数：

$$1101_{(2)} = 1\times 2^3 + 1\times 2^2 + 0\times 2 + 1\times 1 = 13$$

然后，我们以十进制数 1603 为例，回到装豆子的场景中，研究怎么将十进制数转化为二进制数。

第一步，排工位表，如表 1-6 所示，工人们从左至右排好队，等着装传送带上的豆子。

表 1-6

| 工位 | …… | $2^{11}$ | $2^{10}$ | $2^9$ | $2^8$ | $2^7$ | $2^6$ | $2^5$ | $2^4$ | $2^3$ | $2^2$ | 2 | 1 |
|---|---|---|---|---|---|---|---|---|---|---|---|---|---|
|  | …… | 2048 | 1024 | 512 | 256 | 128 | 64 | 32 | 16 | 8 | 4 | 2 | 1 |
| 瓶数/瓶 |  |  |  |  |  |  |  |  |  |  |  |  |  |
| 豆子/粒 |  |  |  |  |  |  |  |  |  |  |  |  |  |

第一行的"工位"栏，填的数表示该工位上1个瓶子的容量，即1个瓶子装满后的豆子数量，该数量用幂次形式表示；为方便理解，相同的数字用常规形式表示，填在同列对应的第二行。

第三行的"瓶数"栏，填的数表示传送带上的豆子，对应工位可以装满的瓶数。

第四行的"豆子"栏，填的数表示经过工位对应后，传送带上剩余的豆子数量。

第二步，装豆子，填写数位表，如表1-7所示。

1603粒豆子上了这条传送带，不能装满一个容量为2048粒豆子的瓶子，2048及其左侧数位的瓶数全都是0，省略不填。1603粒豆子最多能装满一个容量为1024粒豆子的瓶子，于是，把它装到$2^{10}$这一位的瓶子里，对应工位的瓶数栏写1，这个1就表示装满了1瓶1024粒豆子。1603−1024=579（粒），剩余579粒豆子，继续向右传。

表1-7

| 工位 | …… | $2^{11}$ | $2^{10}$ | $2^9$ | $2^8$ | $2^7$ | $2^6$ | $2^5$ | $2^4$ | $2^3$ | $2^2$ | 2 | 1 |
|---|---|---|---|---|---|---|---|---|---|---|---|---|---|
|  | …… | 2048 | 1024 | 512 | 256 | 128 | 64 | 32 | 16 | 8 | 4 | 2 | 1 |
| 瓶数/瓶 |  |  | 1 |  |  |  |  |  |  |  |  |  |  |
| 豆子/粒 |  | 1603 | 579 |  |  |  |  |  |  |  |  |  |  |

# 第一章 数

579里有一个512，又被抓出来装一瓶，对应工位的瓶数栏写1。579-512=67（粒），继续向右传。67里没有256，那就在对应工位的瓶数栏写0；也不够128，继续写0；就传到了$2^6$工位，能装一瓶，那就写1。以此类推，直到余数为0，如表1-8所示，所有豆子都装瓶了。

表1-8

| 工位 | …… | $2^{11}$ | $2^{10}$ | $2^9$ | $2^8$ | $2^7$ | $2^6$ | $2^5$ | $2^4$ | $2^3$ | $2^2$ | 2 | 1 |
|---|---|---|---|---|---|---|---|---|---|---|---|---|---|
|  | …… | 2048 | 1024 | 512 | 256 | 128 | 64 | 32 | 16 | 8 | 4 | 2 | 1 |
| 瓶数/瓶 |  |  | 1 | 1 | 0 | 0 | 1 | 0 | 0 | 0 | 0 | 1 | 1 |
| 豆子/粒 |  | 1603 | 579 | 67 | 67 | 67 | 3 | 3 | 3 | 3 | 3 | 1 | 0 |

第三步，整理结果。

"豆子"的数量就是数字本身，"工位"就是"数位"，"瓶数"就是数位上的"数值"，按工位从左向右，把"数值"的瓶数依次写出来即可。十进制数1603，转化成二进制数为$11001000011_{(2)}$。

## 3. 遵循进制转化的同一规则，小数能转化吗？

以十进制小数0.625为例，用上面的办法把它换成二进制小数。

第一步，排工位表，如表1-9所示，等传送带。

33

表 1-9

| 工位 | …… | 1 | $\frac{1}{2^1}$ | $\frac{1}{2^2}$ | $\frac{1}{2^3}$ | $\frac{1}{2^4}$ | …… |
|---|---|---|---|---|---|---|---|
|  | …… | 1 | 0.5 | 0.25 | 0.125 | 0.0625 | …… |
| 瓶数/瓶 | …… |  |  |  |  |  | …… |
| 豆子/粒 | …… |  |  |  |  |  | …… |

第二步,根据工人装豆子的情况来填空。

0.625 最大包含一个 0.5,被对应的 $\frac{1}{2^1}$ 工位抓出装瓶,写 1。0.625 − 0.5 = 0.125,作为剩余,传给下一工位,如表 1-10 所示。

表 1-10

| 工位 | …… | 1 | $\frac{1}{2^1}$ | $\frac{1}{2^2}$ | $\frac{1}{2^3}$ | $\frac{1}{2^4}$ | …… |
|---|---|---|---|---|---|---|---|
|  | …… | 1 | 0.5 | 0.25 | 0.125 | 0.0625 | …… |
| 瓶数/瓶 | …… | 0 | 1 |  |  |  | …… |
| 豆子/粒 | …… | 0.625 | 0.125 |  |  |  | …… |

以此类推,传送→装瓶→传送→装瓶……一直传下去,直至余数为 0,如表 1-11 所示。

表 1-11

| 工位 | …… | 1 | $\frac{1}{2^1}$ | $\frac{1}{2^2}$ | $\frac{1}{2^3}$ | $\frac{1}{2^4}$ | …… |
|---|---|---|---|---|---|---|---|
|  | …… | 1 | 0.5 | 0.25 | 0.125 | 0.0625 | …… |
| 瓶数/瓶 | …… | 0 | 1 | 0 | 1 |  | …… |
| 豆子/粒 | …… | 0.625 | 0.125 | 0.125 | 0 |  | …… |

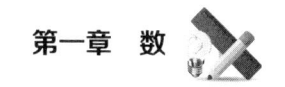

第三步，整理结果。

把"瓶数"栏的数依次写出来，十进制数 0.625，化成二进制数等于 $0.101_{(2)}$。前面的数位都写 0，按照小数表示的习惯，小数点前留一个 0 即可。

既然整数和小数的十进制数转化为二进制数的原理相同，方法一致，那我们的转化不应仅限于十进制数和二进制数，$N$ 进制数也可以。如果是 $N$ 进制数，那就是左 1 当右 $N$，而且每个工人手里有 $N-1$ 个瓶子，他能装满几瓶呢？有 0，1，2，3，…，$N-1$，一共 $N$ 种可能。其他的工作原理完全一致。下面两个数，如何转化呢？

（1）一个十进制小数 178.5625，转化成十六进制数是多少？（注：十进制数 0～15 分别对应十六进制数 0，1，2，3，4，5，6，7，8，9，A，B，C，D，E，F）

（2）一个七进制小数 $24.63_{(7)}$，转化成十进制数是多少？（注：保留 2 位小数）

利用进制转换的通用方法，你换算出来了吗？答案分别是 $B2.9_{(16)}$ 和 18.92。

跳出十进制体系来讲二进制，还是为了加深对数和运算的理解。静态地去看待一个事物，容易见怪不怪，更好的观察方法是比较。一种比较方式是和自己比，那就需要事物本身产生变化；另一种比较方式就是找别的事物来比，无论使用对比还是类比的方法，通过比较都可以找出异同，进而加深对事物特征的理解。

# 第二章 式

数学是符号加逻辑。

——伯特兰·罗素

# 问题10 字母代数，什么没变？

从小学来到初中，我们惊奇地发现，熟悉的数学改天换地了。数学之所以被称为数学，那该是研究数的，结果鸠占鹊巢，字母大行其道。含有字母的数学式子简称"式"，引入字母和式后，字母代替了数的中心位置，算术变成了"代数"。

## 1. 字母的价值

为什么折腾这些呢？因为数学作为思维的工具，它需要不断完善才能更好地应对不同的场景和问题。数字为什么要出现？当我们不厌其烦地喊着"鱼、鱼、鱼、鱼、鱼、鱼"的时候，就想简洁地说一句"6条鱼"。同样的道理，当我们想把一类数统一一个说法时，字母就派上用场了，例如，可以用"$2n$"（其中$n$是正整数）来表示2，4，6，8，…这样的偶数。相对于数，式有其简洁性、一般性，相对于文字描述，式也更精准、更通用，所以它好用。用字母还能表示未知数，这点在后面的方程和函数中体现得淋漓尽致。从算术到代数，是数学的一大进步，其中的妙处我们可以慢慢体会。

其实，字母与数之间，远远没有我们想的那么泾渭分明，古希腊人在没有接触到1，2，3这种阿拉伯数字的时候，他们用 $\alpha$，$\beta$，$\gamma$ 来表示 1，2，3；更神奇的是，我们现在看到 $\pi$，想到的是圆周率 3.1415926…，而古希腊人想到的却是数字 80！从这个意义上来说，数字只是一个被固定下来表示特定数量的符号，而字母是用来表示不确定数量的符号，都只是约定俗成而已。

## 2. 运算法则不变

字母代替了数，有什么没变呢？加、减、乘、除的运算法则没有变。当字母参与到运算中来时，运算法则保持不变，这是理解代数的关键。

从认知规律上说，只有在变化和比较中，才能更深刻地理解事物。在算术中，大家对加、减、乘、除已经习以为常，有了式与数的比较，能让我们更好地理解运算。

例如，从小学一年级开始，就经常有搞怪的小朋友问，什么时候 $1+1=1$？除了算错的时候，还有很多答案，例如，1 个白天 +1 个晚上 =1 整天。加法不成立了！我们需要反思，看似天经地义的加法，背后有什么特别的要求呢？

同类项！

同类的才符合加法运算法则，不同类的可以加出各种五花八门的结果。这点在字母运算中特别典型，$a, b$ 不一样，$a+b$ 就算不下去，只能保持原状，只有同类项才可以相加，$a+a=2a$，原来加法就是合并同类项！

明确了加法的原理，式的一切运算就都理顺了。乘法就是连加，乘方就是连乘，减、除、开方分别是加、乘、乘方的逆运算，式的运算仍遵守交换律、结合律、分配律，运算终于又回到了熟悉的轨道。

### 3. 运算中的常见错误

运算错误多源于违反运算法则。如果对运算法则理解不到位，容易犯以下各种低级错误：

$$7^5 7^6 = 7^{5\times 6} = 7^{30}$$

$$\sqrt{3}+\sqrt{2}=\sqrt{3+2}=\sqrt{5}$$

$$(a+b)^2 = a^2 + b^2$$

$$(3a)^2 = 3a^2$$

要避免这些错误，需对各级运算的定义有清晰、准确的理解。例如，由乘方定义可知，$(3a)^2 = (3a)\cdot(3a) = 9a^2$，通过这个定义的转化，就可以避免 $(3a)^2 = 3a^2$ 这种错误的产生。

# 第二章 式

## 问题 11 式与数的处理方式一样吗?

在初中阶段,我们能处理的数有整数、分数、根号数,加上字母就是整式、分式、根式。形如 $x^2+2xy$ 的式子叫整式;分母带字母的,形如 $\frac{1}{3+x}$ 的式子叫分式;根号下带字母的,形如 $\sqrt{2x^2-y}$ 的式子叫根式。

处理整数时,常会用到分解质因数,将它与分配律、结合律等运算法则结合可提升运算效率,例如,$26+13\times 8 = 13\times 2+13\times 8 = 13\times(2+8)=13\times 10=130$。

处理分数时,有两个基本工具:一是约分,用来化简分数,这需要寻找最大公因数,例如,$\frac{26}{39}=\frac{13\times 2}{13\times 3}=\frac{2}{3}$;二是通分,用来统一分数形式,这需要寻找最小公倍数,例如,$\frac{1}{26}+\frac{1}{39}=\frac{1}{13\times 2}+\frac{1}{13\times 3}=\frac{3+2}{13\times 2\times 3}=\frac{5}{78}$。

处理根号数时,也有两个基本工具:一是开方,用来化简算式,这需要寻找完全平方数,例如,$\sqrt{12}=\sqrt{2\times 2\times 3}=\sqrt{2\times 2}\times\sqrt{3}=2\times\sqrt{3}=2\sqrt{3}$;二是分母去根号,用来统一数的形式,它的作用和方式都与分数通分类似,例如,$\sqrt{\frac{5}{12}}=\frac{\sqrt{5}}{\sqrt{12}}=\frac{\sqrt{5}}{2\sqrt{3}}=\frac{\sqrt{5}\times\sqrt{3}}{2\sqrt{3}\times\sqrt{3}}=\frac{\sqrt{15}}{6}$。

几乎所有这些处理数的方法背后,都要用到分解质因数。从数推广到式，处理分式、根式时也是使用约分、通分、开方这些工具，都要用到因式分解。例如，处理分式：

$$\frac{a^2+2ab+b^2}{a^2-b^2}=\frac{(a+b)(a+b)}{(a+b)(a-b)}=\frac{a+b}{a-b}\quad(a\neq\pm b)$$

再如，处理二次根式时：

$$\sqrt{a^3+2a^2b+ab^2}=\sqrt{a(a+b)^2}=\sqrt{a}\sqrt{(a+b)^2}=(a+b)\sqrt{a}$$

（$a\geq 0$，$b\geq 0$）。

分解质因数是将一个大数分解成几个小数相乘的形式，因式分解是将一个复杂的高次多项式分解成几个相对简单的低次式子相乘的形式。数和式分解得越细，越容易从中找出共同点，也就是公因数或公因式，这是进行约分、通分、开方等处理的基础。

质数（prime number），也称"素数"，即作为要素的数。从乘法视角看，质数是数字世界的原子。尽量讨论更小的数、更简单的式子，符合我们的认知习惯，什么样的式子更简单呢？总体而言，字母的次数越低越简单。

当然，数与式绝非完全割裂的两个体系，因式分解与分解质因数也能联动。

【例1】已知 $xy-x+y=22$，求 $x$，$y$ 所有可能的整数解。

【提示】利用因式分解将方程变形为 $(x+1)(y-1)=21$，则 $(x+1)$，$(y-1)$ 必为 21 的因数。注意因数可以为负数。

# 第二章 式

## 问题 12　$x^4+1$ 能进行因式分解吗？

提取公因式、十字相乘等因式分解的常用方法很容易理解，本书不做赘述。我们研究遇到复杂问题时，可以用长除法来寻找思路，这一方法是从因式分解的功能反向思考而得的。

### 1. 长除法

乘法有一个基本的性质：如果几个式子的乘积等于 0，则其中至少有一个式子等于 0，如图 2-1 所示。遇到复杂多项式，我们可以通过因式分解将多项式变成几个式子的乘积，然后利用这个性质来解方程。例如，可将方程 $(x+1)(x-1)=0$ 分解为 $x+1=0$ 或 $x-1=0$，这是因式分解的一个重要功能。

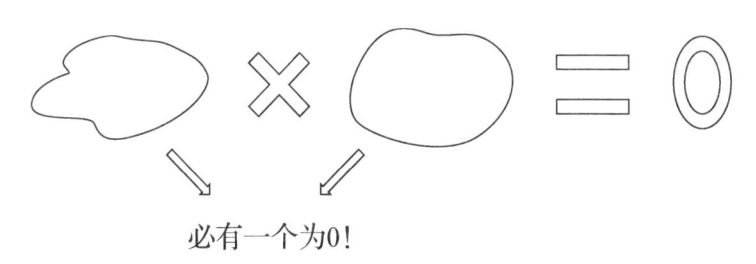

图 2-1

反向思考，如果已经找到多项式方程的一个解，比如 $x=a$ 是多项式方程的一个解，那么多项式一定能写成

$(x-a)(\cdots\cdots)$ 的形式，用多项式去除以 $x-a$ 就可以得到 $(\cdots\cdots)$ 中未知的式子。多项式除法可采用长除法实现。

【例1】因式分解 $x^3-1$。

【析】通过观察可知，$x=1$ 是 $x^3-1=0$ 的一个解，找到关键因式 $x-1$。用长除法计算 $(x^3-1)\div(x-1)=x^2+x+1$，故 $x^3-1=(x-1)(x^2+x+1)$。

$$\begin{array}{r}x^2+\ x+1\phantom{)}\\x-1\overline{\smash{)}x^3+0x^2+0x-1}\\\underline{x^3-\ x^2}\phantom{+0x-1}\\x^2+0x\phantom{-1}\\\underline{x^2-\ x}\phantom{-1}\\x-1\\\underline{x-1}\\0\end{array}$$

【例2】因式分解 $x^3-8x+7$。

【析】当 $x=1$ 时，$x^3-8x+7=0$，找到关键因式 $x-1$。用长除法计算 $(x^3-8x+7)\div(x-1)=x^2+x-7$，可知因式分解的结果是 $x^3-8x+7=(x-1)(x^2+x-7)$。

$$\begin{array}{r}x^2+\phantom{0}x-7\phantom{000000}\\x-1{\overline{\smash{\big)}\,x^3+0x^2-8x+7}}\\\underline{x^3-\phantom{0}x^2}\phantom{0000000000}\\x^2-8x\phantom{000000}\\\underline{x^2-\phantom{0}x}\phantom{000000}\\-7x+7\phantom{00}\\\underline{-7x+7}\phantom{00}\\0\phantom{00}\end{array}$$

**【例3】** 因式分解 $4x^3-31x+15$。

**【析】** $4x^3-31x+15=0$ 的解不易直接猜中,考虑到常数项 15 的因数有 $\pm 1$,$\pm 3$,$\pm 5$,$\pm 15$,逐个尝试,可得 $x=-3$ 是方程的解,即找到了关键因式 $x+3$。用长除法即可完成因式分解, $4x^3-31x+15=(x+3)(4x^2-12x+5)$。

## 2. $x^n \pm 1$ 的因式分解

每当掌握了一种新的解题方法,我们要争取把这一类问题彻底解决。形如 $x^n-1$($n$ 是正整数,下同)的因式分解,$x=1$ 是 $x^n-1=0$ 的解,找到了关键因式 $x-1$,用长除法即可进行因式分解。那么 $x^n+1$ 怎么进行因式分解呢?

$x^n+1$ 的全部情形包括 $x^{2k-1}+1$,$x^{4k-2}+1$,$x^{4k}+1$($k$ 是正整数)三类,我们逐一进行分析。

首先,$x=-1$ 是 $x^{2k-1}+1=0$ 的解,找到了关键因式 $x+1$,

可用长除法进行因式分解。

其次，$x^6+1=(x^2)^3+1=(x^2+1)(x^4-x^2+1)$，所以形如 $x^{4k-2}+1$ 的式子都可采用相同方法先将式子变形为 $(x^2)^{2k-1}+1$，再进行因式分解。

最后，$x^4+1=x^4+2x^2+1-(\sqrt{2}x)^2=(x^2+1)^2-(\sqrt{2}x)^2=(x^2+1+\sqrt{2}x)(x^2+1-\sqrt{2}x)$，所以形如 $x^{4k}+1$ 的式子都可采用相同方法进行因式分解。

### 3．长除法的另一个用途

从除法的角度看，因式分解对应整除的情况，不能整除的情况，长除法也有其用处。

【例4】已知 $x^2+x=5$，求 $x^4+x^3-4x^2+x+6$ 的值。

【析】先将 $x^2+x=5$ 变形为 $x^2+x-5=0$，再用长除法求式子的值：

$$\begin{aligned}x^4+x^3-4x^2+x+6&=(x^2+x-5)(x^2+1)+11\\&=0\cdot(x^2+1)+11\\&=11\end{aligned}$$

# 第二章 式

## 问题 13 求公因式有妙招吗？

本着"从数到式"的原则，我们先研究求两个数的最大公因数的方法——辗转相除法，然后考查求两个式的公因式的方法。

### 1. 辗转相除法求最大公因数

辗转相除法又称欧几里得算法，在欧几里得的《几何原本》和中国的《九章算术》中都有记载。我们以 99，36 两个数为例介绍辗转相除法求最大公因数的过程。

先考虑一个问题，99 和 36 的公因数，与 $(99-36)$ 和 36 的公因数是否一样？显然二者是一样的。因为，如果一个数 $p$ 是 99 和 36 的公因数，那么令 $99=mp$，$36=np$（$m$，$n$，$p$ 皆为正整数），则 $99-36=mp-np=(m-n)p$，可见 $p$ 也是 $(99-36)$ 的因数；反过来，如果一个数 $p$ 是 $(99-36)$ 和 36 的公因数，也可证 $p$ 是 99 的因数。既然 99，36 与 $(99-36)$，36 的公因数完全相同，那么它们的最大公因数肯定也相同。有了这个结论，就可以用如表 2-1 所示的做差法，把 99 变小，相较于两个大数，求两个小数的最大公因数肯定更容易。

表 2-1

| 99 | 36 |
|---|---|
| 63（=99-36） | 36 |
| 27（=63-36） | 36 |
| 27 | 9（=36-27） |
| 18（=27-9） | 9 |
| 9（=18-9） | 9 |

表格中每行数的公因数都相同，最后得到的 9 就是要求的最大公因数。

我们用字母表示数字，再阐释一下这个方法。两个正整数 $a$，$b$，其中 $a>b$，利用做差法，用 $a$ 不停地去减 $b$，直到这个差比 $b$ 小，此时用 $c$ 表示最后这个比 $b$ 小的差，可得到一对新的数 $b$ 和 $c$，$b$，$c$ 的最大公约数与 $a$，$b$ 的最大公因数一样；再用做差法用 $b$ 去减 $c$。从理论上说，可以一直做差使两个数不断变小。因为可以将数一直变小，印度人给这个方法起名为"粉碎机"。什么时候不会继续变小呢？差等于 0 时，此时两个数一样大了，正好是要找的最大公因数。

再观察一下上述求最大公因数的过程，我们利用做差法用 $a$ 不停地去减 $b$，直到这个差比 $b$ 小，最后剩下的差为 $c$，这是在连减，相当于除法，即用 $a$ 除以 $b$，得到余数 $c$。再用 $b$ 除以 $c$，除到什么时候为止呢？连减的差等于 0 时，也就是相除的余数为 0（整除）时，这番操作中的最后一个除数,就是最大公因数。

仍以 99 和 36 为例示范辗转相除法,如图 2-2 所示。

第一步,大数除以小数,$99 \div 36 = 2 \cdots\cdots 27$,从(99,36)变成(36,27);

第二步,新的大数除以小数,$36 \div 27 = 1 \cdots\cdots 9$,从(36,27)变成(27,9);

第三步,继续除,$27 \div 9 = 3 \cdots\cdots 0$,整除了,最大公因数就是最后一个除数 9。

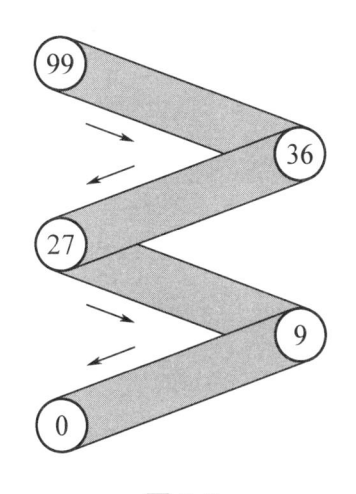

**图 2-2**

这个辗转相除法与小数除法有点像,虽然不知道要除多少次,但有一个明确的终止信号,小数除法的终止信号是余数为 0(有限小数)或重复(无限循环小数),辗转相除法的终止信号是余数为 0。

求得了 $a$, $b$ 的最大公因数 $p$，那最小公倍数就是 $\dfrac{ab}{p}$，所以 99 和 36 的最小公倍数为 $\dfrac{99 \times 36}{9} = 396$。

作为大数粉碎机的辗转相除法，在求大数的最大公因数时特别有效。你能用此法求一下 361 和 4199 的最大公因数吗？

### 2. 辗转相除法求公因式

数式相通，用辗转相除法配合长除法，可以快速找到两个多项式的公因式。

【例1】求 $x^4 + x^3 + 2x^2 + x + 1$ 和 $x^3 - 1$ 的公因式。

【析】先用 $(x^4 + x^3 + 2x^2 + x + 1) \div (x^3 - 1)$，由长除法可得，$x^4 + x^3 + 2x^2 + x + 1 = (x^3 - 1)(x + 1) + 2(x^2 + x + 1)$。

余式是 $2(x^2 + x + 1)$。注意，$x^2 + x + 1$ 前面的系数虽然不是 1，但这并不影响公因式的寻找，得到结果后调整一下即可。多项式以字母为中心，相对淡化数的重要性，这是数与式的差别。

再用 $(x^3 - 1) \div (x^2 + x + 1)$ 可得，$x^3 - 1 = (x^2 + x + 1)(x - 1)$，余式为 0，辗转相除法计算结束，如表 2-2 所示。

因此，公因式为最后一个除式 $x^2 + x + 1$。

表 2-2

| 原式 | $x^4+x^3+2x^2+x+1$ | $x^3-1$ |
|---|---|---|
| 一次相除后 | $x^2+x+1$ | $x^3-1$ |
| 二次相除后 | $x^2+x+1$ | 0 |

## 问题 14　纯数学没有用吗？

数学与物理、化学等自然科学结合，展现出惊人的应用价值，但是纯数学有用吗？曾经数论这门以整数性质为主要研究对象的纯数学被认为只是思维体操，不会有实际作用，直到它被用到了密码学。

### 1. 数论中关于质数的三个原理

（1）算术基本定理，又称为正整数的唯一分解定理，即：每个大于 1 的自然数，要么本身是质数，要么可写为两个以上的质数的积，而且这些质因子按大小排列之后，写法仅有一种方式，即：分解质因数的方式存在且唯一。

（2）质数无穷多。可以用反证法来证明：假如质数为有限个，一共只有 $n$ 个质数，分别起名为 $p_1$，$p_2$，$p_3$，$\cdots$，$p_n$，则 $Q = p_1 p_2 p_3 \cdots p_n + 1$ 不能被任一个质数整除，因此不能写成两个以上的质数的积，根据算术基本定理可知 $Q$ 是一个质数，而 $Q$ 明显比每一个质数都大，不在这 $n$ 个质数之中。矛盾来了，$Q$ 到底是不是一个质数呢？看来前提假设——质数为有限个——不成立，质数是无穷多的。

（3）效率不对称性。任务甲：寻找两个质数并相乘；任务乙：将一个数分解质因数。这两项任务的计算量严重

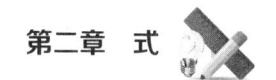

不对称，不管数字大小，任务甲总是个普通乘法题，而要分解的数一旦变得很大，即使用计算机来完成任务乙也会非常费时、费力。

## 2. 质数原理在密码设计中的应用

明确了质数的三个原理，密码设计就有着落了。如果用两个很大的质数相乘，所得的积是一个合数，把由质数相乘算合数的过程看作上锁加密，把由合数分解质因数的过程看作配钥匙解码，这对"上锁和配钥匙"的组合具有以下几个特征。

（1）根据算术基本定理，将这个合数分解质因数的结果是存在且唯一的，这就满足了"一把钥匙开一把锁"的基本要求，不用担心没有钥匙，也不用担心有人乱配一把钥匙就能开锁。

（2）由于质数有无穷多个，锁可以制造无限多把，这种密码方式可以一直用，不用担心有人提前把所有钥匙都配完了，能拿着钥匙找到锁，对号入座。

（3）根据效率不对称性原理，上锁容易，配钥匙很难，不用担心有人轻易就配出钥匙。这一点也是未来要担心的，如果数论研究突破了当前的数学水平，或者算力大幅提升，配钥匙变得很简单，这个密码系统就会很危险。

基于以上三点，就可以利用质数原理制造一把合数锁，不怕别人轻易造出质数钥匙来开锁了。只要藏好钥匙，不怕给别人看看锁，这就是 RSA 公钥密码系统的基本原理。

【例1】我们设计一个规则：（1）给出一个数 $m$，设 $n$ 为 $m$ 的质因数中最大的那个，如果 $m$ 本身为质数，则 $n=m$；（2）将 26 个英文字母 ABC⋯XYZ 按顺时针排成一圈，输入一个字母，则输出从这个字母（不含）开始顺时针方向的第 $n$ 个字母，到 Z 后再从 A 继续循环。例如，给出 $m=6$，则 $n=3$，输入字母 AC，则对应输出 DF。现在给出 $m=361$，如果输出了一串字符 FTMAL，则最初输入的是什么？

答案是"MATHS"。但是，如果把 361 换成一个超级大的数，例如，7 420 738 134 811，你还能这么轻易地破解密码吗？

# 第三章 方程

没有不能解决的问题。

——弗朗索瓦·韦达

## 问题 15  为什么要引入方程？

含有未知数的等式，叫方程。这里强调的关键是未知数，而不是字母。字母只是个符号，未知才是其本质。这个未知数，如果用一个星星或一条线段，甚至用一段空白来表示都可以。选择用字母表示只是因为它更简洁、高效，体现了数学的工具性导向。

引入方程，有什么好处呢？很大程度上是因为问题稍一复杂，算术要求的思考力太高、太抽象，需要有个字母先占着坑，帮我们去完成思考，这是第一个原因；第二个原因是，运算自有法则，不用刻意思考，也会自动地实现一些步骤。从某种程度上来说，第二个原因更为根本，却往往被忽视。

举一个小学应用题的例子。小明参加一次考试，共 100 道选择题，做对一道题得 3 分，做错一道题扣 1 分，不做不得分也不扣分。小明的最终考试成绩为 244 分，其中错的题和不做的题一样多，问小明一共做对了多少道题？

不用方程，纯用算术，也可以解答这道题。小学阶段常用线段法和假设法来解应用题。线段法本质上就是用一条线段来代替未知数，与字母代替数类似，但本题用线段法就很难实现。

## 第三章　方程

更好的选择是假设法。假设小明做对了 100 道题，那他会得 300 分。如果错 1 道题，不做 1 道题（按要求必须成对出现），相应地少对 2 道题，总成绩减 7 分；要从 300 分减到 244 分，需要减 56 分，列算式 $(300-244)\div 7$，可得小明有 8 道题做错，8 道题没做，一共做对了 84 道题。

如果用方程法来解，这就是一道很简单的题目了。

设小明做对了 $x$ 道题，做错了 $y$ 道题，不做 $y$ 道题，则

$$\begin{cases} x+2y=100 & ① \\ 3x-y=244 & ② \end{cases}$$

加减消元，①式×3－②式，得

$$7y=300-244$$
$$y=8$$

有没有发现，用算术的假设法中关键又玄妙的一步，悄无声息地在方程组的计算中自动出现了！而线段法之所以对本题无效，是因为虽然线段可以和字母一样代替未知数，但其没有自动化运算的功能，所以"威力"大打折扣。

## 问题 16　方程与恒等式一样吗？

方程是一类等式，还有一类等式叫恒等式，二者有何不同？

### 1. 本质不同

方程的本质是个数学问题，例如，一个瓶子需要装多少毫升水才能装满？要求瓶子的容积，这是个方程，可以依据"密度＝质量÷容积"这个关系来列式子，三者知其二，剩下一个未知数就可以求解了。然而这瓶水，无论是液态还是固态，其质量不变，这是恒等式。

### 2. 使用场景也不同

方程有针对性，针对的是问题，我们根据具体问题来设立方程，解方程就是解决问题，讲究一把钥匙开一把锁。恒等式是个基本工具，不用考虑具体问题或特定情况，任何情况下它都正确，像把万能钥匙。这些万能钥匙，在解方程时经常发挥着重要作用。常用的恒等式，叫"公式"，比如下面两个公式就会经常用到。

完全平方公式：$a^2 + 2ab + b^2 = (a+b)^2$。

平方差公式：$a^2 - b^2 = (a+b)(a-b)$。

## 第三章 方程

当然,恒等式也可看作一种特殊的方程。如果一个方程,任意数都是它的解,它就是恒等式。

换一个说法,有无数解的方程叫恒等式,对吗?并不对,比如,$|x|=x$ 有无数解,却不恒等。无数和任意,二者是不同的,"任意"包含了所有情况,而"无数"只表明数量多到数不过来,但这未必就包含了所有情况。

## 问题 17　解一次方程太简单？

最基础的方程，是整式的一元一次方程，例如，$x-1=1$，$3x+5=-4$，等等，一般表示为 $ax+b=0$（$a\neq 0$）。其中，"元"就是未知数，此处只有一个 $x$，即一元；"次"是未知数 $x$ 的最高次数。

解一元一次方程很容易，相应的解法初学者很快就能驾轻就熟了。从解一元一次方程这个基本工具出发，能否去解多种多样的方程呢？

匈牙利数学家路沙·彼得曾讲过一个精彩的段子，是对化归思想的生动阐释。

有人提出了一个问题："给一个水龙头，一个壶，一个煤气灶，一盒火柴，怎么烧一壶开水？"

正常人回答："用壶接满水，把壶放在煤气灶上，用火柴点燃煤气灶，把水烧开。"

数学家说："我也可以。"

提问者又问："如果壶里本来就有水呢？"

正常人答："直接把壶放在煤气灶上，用火柴点燃煤气灶，把水烧开。"

数学家说："把水倒掉，就是上一个问题。"

化归，就是把水倒掉。对于解方程来说，怎么把水倒掉呢？

遇到 $N$ 元一次方程，要想化归为一元一次方程，就要消元；遇到一元 $N$ 次方程，要想化归为一元一次方程，就要降次；遇到特殊方程，要想化归为一元一次方程，就要去掉特殊符号。

相对于一元一次方程，我们先保持方程的次数不变，增加一个未知数，这就是二元一次方程组，例如：

$$\begin{cases} x+y=4 \\ x+2y=7 \end{cases}$$

既然多了一元，求解时就要先消除这一元，把二元一次方程组转化为熟悉的一元一次方程。消元的方法有代入法、加减法，都很好理解，此处不做赘述。

为什么这儿不是一个方程，而是一个方程组呢？简单地尝试下就会发现，只有一个二元一次方程，会有很多解，而两个方程一组合，一般就只有一组解了。这到底是怎么回事呢？在问题 30 中我们会继续讨论这一问题。

把消元的方法贯彻到底，所有的一次方程，不管有多少元，都可以一直消下去，把这个方法标准化，就是"高斯消元法"。这个被数学王子冠名的方法，其实最早出现在中国的《九章算术》中。

例如，下面这个三元一次方程组，就可以用消元法逐步求解。

$$\begin{cases} x+y+z=4 & ① \\ x+2y+3z=9 & ② \\ x+3y+4z=12 & ③ \end{cases}$$

第一行的式子负责化简 $x$。先将①式中 $x$ 的系数变为 1（本题本来就是 1，不需再变）；再利用①式消除②式、③式中的 $x$，分别用②式–①式，③式–①式，得，

$$\begin{cases} x+y+z=4 & ① \\ \quad y+2z=5 & ④ \\ \quad 2y+3z=8 & ⑤ \end{cases}$$

第二行的式子负责化简 $y$。先将④式中 $y$ 的系数变为 1（本题本来就是 1，不需再变），再利用④式消除⑤式中的 $y$，⑤式–④式×2，得，

$$\begin{cases} x+y+z=4 & ① \\ \quad y+2z=5 & ④ \\ \quad\quad -z=-2 & ⑥ \end{cases}$$

第三行的式子负责化简 $z$。先将⑥式中 $z$ 的系数变成 1，此时可求得 $z$ 的值；然后用已求得的 $z$ 值代入①式和④式，把①式和④式中的 $z$ 去掉，可求得 $y$ 的值，

$$\begin{cases} x + y = 2 & \text{⑦} \\ \phantom{x + } y = 1 & \text{⑧} \\ \phantom{x + y} z = 2 & \text{⑨} \end{cases}$$

最后，用已求得的 $y$ 值代入⑦式，可求得 $x$ 的值。

$$\begin{cases} x = 1 \\ y = 1 \\ z = 2 \end{cases}$$

高斯消元法可以通解多元一次方程组，以解线性方程组[1]为基础，发展出了一门重要的学问，叫作线性代数。现实中存在很多数据庞大并且遵循线性规律的场景，因此线性代数就派上了大用场，在管理决策、芯片设计、航班调度、石油勘探各个领域大展神威，可谓数学应用领域最广的分支之一。我们抱怨、质疑数学无用，很大程度上是因为学艺不精，刚学点皮毛，还没入门就想大展拳脚，哪有这等好事？简单的一次方程，沿着这个方向学到底，就会发现它的作用越来越大！

---

注：[1] 因为二元一次方程在平面直角坐标系上的图象是一条直线，因此也将二元一次方程称为线性方程，将一次方程组称为线性方程组。

## 问题 18　能用配方法分解因式吗？

对于一元二次方程 $ax^2+bx+c=0\,(a\neq 0)$，要想化归为一元一次方程，需要"降次"。降次有两条不同的路径。

### 1. 配方法

配方法解一元二次方程的核心是利用完全平方公式 $a^2+2ab+b^2=(a+b)^2$，将多项式配成平方的形式，然后开平方。例如，求解 $x^2+2x=3$，可以按如下步骤操作：

$$x^2+2x+1^2=3+1^2$$
$$(x+1)^2=2^2$$
$$x+1=\pm 2$$
$$x=1 \text{或} x=-3$$

如果一次项系数是偶数，比较容易配方；如果一次项系数是奇数、分数甚至是根号数呢？可以采取"形式主义"，先强行拆出一个 2 来，再完成配方。例如，求解 $x^2+x=2$，可以按如下步骤操作：

$$x^2+2\cdot x\cdot\frac{1}{2}+\left(\frac{1}{2}\right)^2=2+\left(\frac{1}{2}\right)^2$$
$$\left(x+\frac{1}{2}\right)^2=\left(\frac{3}{2}\right)^2$$

$$x+\frac{1}{2}=\pm\frac{3}{2}$$

$$x=1\text{或}x=-2$$

一般情况下,将 $ax^2+bx+c=0(a\neq 0)$ 采取同样的办法求解(根),就得到求根公式 $x=\dfrac{-b\pm\sqrt{b^2-4ac}}{2a}$,其中,$\Delta=b^2-4ac$ 为根的判别式,它的正负性决定了方程是否有实数解。从求根公式可看到,由于式子里面有分母和根号,对于一元二次方程的系数自然会产生两个要求:$a\neq 0$,$\Delta=b^2-4ac\geq 0$。

## 2. 因式分解法

配方法是通过将 $x$ 集中在一起,以开平方的方式来解方程。因式分解则利用了另一个原理:如果两个式子的乘积为 0,则至少其中一个式子的值为 0。

配方法和因式分解法,二者有何相通之处呢?

还以 $x^2+2x=3$ 为例,方程可以配方为

$$(x+1)^2=2^2$$

将 $2^2$ 移到左侧,就是一个典型的平方差公式 $a^2-b^2=(a+b)(a-b)$ 的形式,即

$$(x+1)^2-2^2=0$$

$$(x+1+2)(x+1-2)=0$$

$$(x+3)(x-1)=0$$

利用配方法，居然可以实现因式分解！有兴趣的读者可以尝试用相同的方法对 $ax^2+bx+c$ 进行因式分解，可以得到 $a(x-x_1)(x-x_2)$，其中 $x_1$, $x_2$ 就是求根公式所得的根 $\dfrac{-b\pm\sqrt{b^2-4ac}}{2a}$。

一切都是相通的。根与系数的关系（韦达定理）也可用类似方法推导而得。

# 第三章 方程

## 问题 19 三次方程怎么解？

降次的方法可以求解一元二次方程，能否用于解一元三次方程呢？一元三次方程怎么解，曾困扰了数学家几百年，一度是数学家间的不传之秘，直到狡猾的意大利学者卡丹（Cardano）将它骗了出来并公之于众。

### 1. 卡丹法示例

我们举例欣赏一下用卡丹法解三次方程的基本解题思路。

【例 1】求解 $x^3 + 3x^2 - 12x - 140 = 0$。

【解】第一次换元，$x = t - 1$，将二次项系数消除，即
$$(t-1)^3 + 3(t-1)^2 - 12(t-1) - 140 = 0$$
$$t^3 - 15t - 126 = 0$$
$$t^3 = 15t + 126$$

第二次换元，此时考虑完全立方和公式 $(m+n)^3 = 3mn(m+n) + m^3 + n^3$，尝试找一对数（$m$，$n$），使得这对数满足以下条件：

$$\begin{cases} m + n = t & ① \\ 3mn = 15 & ② \\ m^3 + n^3 = 126 & ③ \end{cases}$$

将②式变形为 $m=\dfrac{5}{n}$，代入③式，得

$$\dfrac{125}{n^3}+n^3=126 \qquad ④$$

第三次换元，$y=n^3$，简单变形后④式变成了一个一元二次方程，可得

$$y^2-126y+125=0 \qquad ⑤$$

解方程，得 $y=1$ 或 $y=125$，按三次换元的反方向 $y\to(m,n)\to t\to x$ 代回，可得

$$x=t-1=m+n-1=\dfrac{5}{n}+n-1=\dfrac{5}{\sqrt[3]{y}}+\sqrt[3]{y}-1=5$$

求出方程的一个解 $x=5$，就可用长除法对 $x^3+3x^2-12x-140$ 进行因式分解，

$$x^3+3x^2-12x-140=(x-5)(x^2+8x+28)$$

$x^2+8x+28$ 是没有实数解的，因此这个一元三次方程的唯一实数解就是 $x=5$。

我们注意到，不论 $y=1$ 还是 $y=125$，$x$ 都等于 5，这是因为方程②、③中 $m$，$n$ 的地位一样，二者可以互换位置，因此对于 $(m,n)$ 来说，无论（5,1）还是（1,5）都是方程②、③的解，对应的 $t$ 和 $x$ 必然是一样的。正是这种关于位置、结构的思想，帮助伽罗瓦打开了群论的大门。

## 2．用卡丹法通解一元三次方程

一元三次方程的一般式为 $ax^3+bx^2+cx+d=0(a\neq 0)$，只要执行以下步骤即可解出方程中的未知数 $x$。

（1）将三次项系数 $a$ 变为 1。等式两侧同除以 $a$ 即可，故我们可以简化讨论方程 $x^3+ex^2+fx+g=0$，其中 $e, f, g$ 可用 $a, b, c, d$ 来表示。

（2）第一次换元，$x=t-\dfrac{e}{3}$，将二次项系数消除，方程简化为 $t^3=ht+k$，其中 $h, k$ 可用 $a, b, c, d$ 来表示；此处用到完全立方差公式。

（3）第二次换元，$m+n=t$。利用完全立方和公式 $(m+n)^3=3mn(m+n)+m^3+n^3$，尝试找一对数（$m, n$），用 $m+n$ 来替换 $t$，将 $t^3=ht+k$ 变形为一个次数更统一的形式。要保持这个换元成立，需使得 $3mn=h$，$m^3+n^3=k$；将 $m=\dfrac{h}{3n}$ 代入 $m^3+n^3=k$，得一个新方程 $\dfrac{h^3}{27n^3}+n^3=k$。

（4）第三次换元，$y=n^3$，并经简单变形，将新方程变成一个一元二次方程，求解即可。

（5）按换元的反方向代回，$y\to(m, n)\to t\to x$，即可求得 $x$。

（6）假设求出的解为 $x=p$，利用长除法将三次多项式因式分解，即可求得其他解。

整个解题思路还是进行化归，只不过解一元二次方程的核心是用完全平方公式配方，解一元三次方程的核心是用完全立方公式转化。

笛卡儿、欧拉、拉格朗日等人进一步找到了一元四次方程的一般解法，但都卡在了一元五次方程上，直到伽罗瓦以全新视角创建了群论的新方法，证明了多数形式的五次及以上的方程不可用根式求解，彻底地解决了这一问题。

从解一元一次方程开始，"消元"和"降次"走出了截然不同的两条路。随着元的增加，消元法始终有效，数学家将其变成通法并发扬光大，最终建立了线性代数；而随着次数的增加，降次法却遇到了巨大的瓶颈，数学家另辟蹊径，开创了群论这一新领域。工具有效就发扬光大，问题受阻就另辟蹊径，二者虽然路径不同，背后却都是积极进取的数学精神。

伽罗瓦（Évariste Galois），1811—1832 年，法国数学家，21 岁时死于一次决斗。伽罗瓦虽然英年早逝，但他在决斗前一晚彻夜写下了自己的数学理论，这些思想后来大放异彩，开创了"群论"这一数学分支。群论解决了一系列数学难题，包括彻底解决了代数方程根式求解问题、尺规作图三等分角和倍立方问题等，费马大定理的证明也采用了群论的策略；更重要的是群论开辟了全新的视角，在几何学、量子力学、晶体结构、密码学、机器人运动等领域，群论都发挥了基础性作用。

# 第三章　方程

## 问题 20　解特殊方程有通法吗？

解各种特殊方程的核心都是化归，想办法去掉异常部分，把方程变回我们熟悉的整式方程。

### 1. 分式方程

分式方程的异常部分是分号，那就想办法去掉分母；分号的实质是除法，那就用乘法来去分号。

例如，求解 $\dfrac{x}{x-3}+\dfrac{2}{3-x}=2$。可以在等式两边同时乘分母 $x-3$，得到 $x-2=2(x-3)$，变成了我们熟悉的一元一次方程。这个分母的形式比较简单，等式两边直接乘分母即可；处理分母复杂的方程，最优策略是乘最简公因式，可用辗转相除法寻找最简公因式。

去分母的时候，需要注意增根问题，问题 21 会继续讨论增根的来源。

### 2. 根式方程

根式方程的异常部分是 $\sqrt{\phantom{x}}$，那就想办法去 $\sqrt{\phantom{x}}$；$\sqrt{\phantom{x}}$ 的实质是开方，那就用乘方来去 $\sqrt{\phantom{x}}$。

例如，求解 $\sqrt{2x+1}=x-1$。方程两边同时平方得，

$2x+1=(x-1)^2$。根式方程变成了我们熟悉的一元二次方程，解方程同时不要忘记满足原方程成立的条件：$2x+1\geq 0$，$x-1\geq 0$。

注意：$\sqrt{\phantom{x}}$本身和$\sqrt{\phantom{x}}$下的数都不能为负，这就产生了一类特殊的方程求解问题。

【例1】已知$\sqrt{1+a}-(b-1)\sqrt{1-b}=0$，求$a^8-b^8$。

【析】一个方程有两个未知数，按常理来说$a$和$b$的值是不确定的，可能有很多，但是此题的关键就是$\sqrt{\phantom{x}}$本身和$\sqrt{\phantom{x}}$下的数都不能为负，因此$\sqrt{1+a}$和$(1-b)\sqrt{1-b}$都为非负数。两个非负数之和为0，二者皆须为0，问题变成了求解二元一次方程组：

$$\begin{cases} 1+a=0 \\ 1-b=0 \end{cases}$$

可得$a=-1$，$b=1$，则$a^8-b^8=0$。

具有非负性的三种常见形式为$\sqrt{a}$，$|a|$，$a^{2n}$，解类似遇到相关形式时需特别留意其非负性。

## 3. 绝对值方程

绝对值方程的异常部分是绝对值号，那就想办法去绝对值号，一般有两种方法。

（1）零点分段法。

【例2】求解$|x+1|+|x-2|=5$。

【析】如图 3-1 所示，取两个绝对值分别为 0 时 $x$ 的值（$x=-1$ 或 $x=2$）为两个分界点，将方程分为三种情况，如表 3-1 所示，每种情况都可转化为常规的一元一次方程。

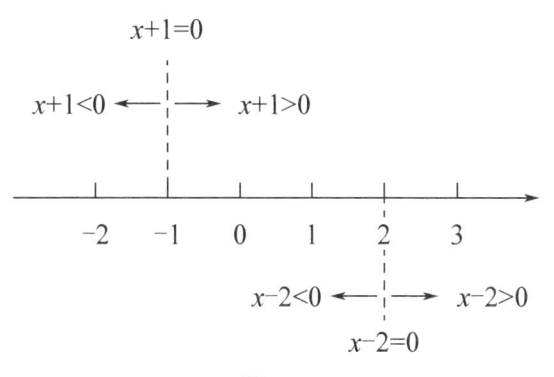

图 3-1

表 3-1

| $x$ 的分类 | 方程转化 | 方程的解 |
| --- | --- | --- |
| $x<-1$ | $-(x+1)-(x-2)=5$ | $x=-2$ |
| $-1 \leqslant x<2$ | $(x+1)-(x-2)=5$ | 无解 |
| $x \geqslant 2$ | $(x+1)+(x-2)=5$ | $x=3$ |

（2）几何意义法。

还可以通过绝对值的几何意义来解方程 $|x+1|+|x-2|=5$。$|x+1|$ 表示 $x$ 到 $-1$ 的距离，$|x-2|$ 表示 $x$ 到 2 的距离，$|x+1|+|x-2|$ 即两个距离之和，可以直观理解为"小明从 $-1$ 出发，先去 $x$，最后到 2 的总路程"。

如图 3-2 所示，从 –1 到 2 的路程是 3，要想总路程为 5，看来得多走一段，要么从 –1 先向左多走 1，再回到 –1，最后到 2，这样总路程就是 5 了；同理也可越过 2 先往右多走 1，再回到 2，最后到 –1，总路程同样是 5。因此，–2 和 3 是方程的两个解。

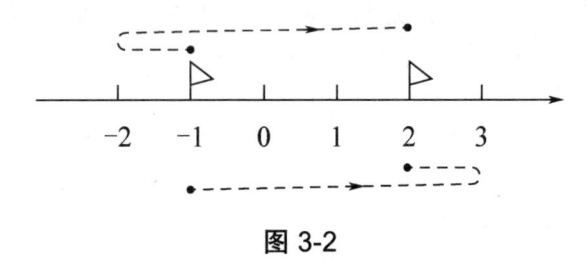

图 3-2

我们还可以发现 $|x+1|+|x-2|$ 的最小值是 3，在 –1 到 2 之间（含端点）的任何一点停下作为 $x$，都可以使得 $|x+1|+|x-2|=3$，即任选一个停留点，都是方程 $|x+1|+|x-2|=3$ 的一个解。

再复杂一些，$|x-1|+|x-2|+|x-5|+|x-8|$ 也可求最小值，如图 3-3 所示。我们可以分组来看，以两端的 1 和 8 为一组，中间的 2 和 5 为一组。$|x-1|+|x-8|$ 的最小值是 7，即小明先从 1 出发走到 8，那他在 1 到 8 之间（含端点）任选一点停留，都可以做到最短路程为 7；$|x-2|+|x-5|$ 的最小值是 3，即小明从 2 出发走到 5，他在 2 到 5 之间（含端点）任选一点停留，都可以做到最短路程为 3；如果上面两次走路时，小明必须选同一个停留点，综合来看，选择 2 到 5 之间（含端点）任何一点都可以。

图 3-3

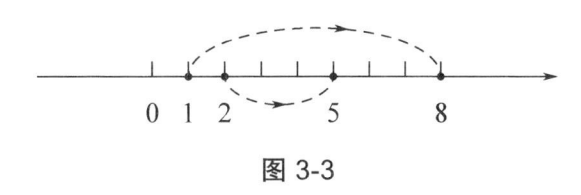

上述是以 1 和 8 为一组、2 和 5 为一组来进行论述的。如果换一种分组方式，以 1 和 5 为一组，2 和 8 为一组，发现还是要在 2 到 5 之间（含端点）选择停留点。再换一种分组方式，以 1 和 2 为一组，5 和 8 为一组，由于 1 到 2 之间和 5 到 8 之间没有共同区域，就找不到共同停留点，因此无法得出结论。

如果把 4 个点的问题进一步升级，比如升级到 6 个点、7 个点，甚至更多点，我们发现从两端开始一组一组讨论，外面一组的停留点范围总能包含里面一组的停留点范围，组组嵌套，因此总能保证最后有一段（点）可以作为所有路线的共同停留点，也就是方程的解；而其他分组方式，不能保证必然存在共同停留点，也就没法解方程了。可见一种好的分组方法对于解决问题至关重要。

【例3】求 $|x-1|+2|x-2|+3|x-5|+4|x-8|$ 的最小值。

【析】由于各分项都有系数，所以此时会有 1 个 1，2 个 2，3 个 5，4 个 8，所有端点全展开就是 1，2，2，5，5，5，8，8，8，8，如图 3-4 所示，从两端开始由外向内将端点一一配对，配对结果是（1，8），（2，8），（2，8），（5，

8），(5，5)，因此距离之和的最小值 $= 7+6+6+3+0=22$，此时的共同停留点只剩下 $x=5$。

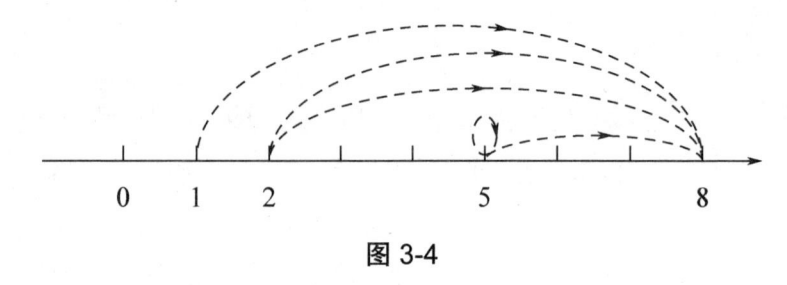

图 3-4

# 第三章 方程

## 问题 21 增根是怎么产生的?

阿拉伯帝国传奇的"代数之父"阿尔·花拉子米（Al-Khwarizmi）在 9 世纪写了一本讲述方程解法的著作《还原与对消》，将"代数"引入数学，代数（algebra）就源自书名中的还原（al-Jabr）一词。

### 1. 还原

解方程，就是将未知数 $x$ 身边的其他数字和符号去掉，把等式还原为 $x=\cdots$ 的形式。怎样才能还原等式呢？直接去掉这些数字，等式就不成立了，需要在保持等式成立的前提下完成还原过程，就要遵守规则——等式的性质，例如：

（1）在等式两边同时加上或减去同一个值，等式依然成立；

（2）在等式两边同时乘或除以（除数不为 0）同一个值，等式仍然成立；

（3）在等式有意义的前提下，将等式两边同时取任意次方，等式仍然成立。

还原的具体操作就是逆运算。通过一个简单的解方程问题，我们来看看逆运算怎么在解方程时发挥作用。

【例1】解根式方程 $2\sqrt{x}+5=11$。

【解】目标:"清除" $x$ 身边所有的数和符号。

先去除距离 $x$ 较远的"5",等式两边同时减5,得

$$2\sqrt{x}=6$$

再去除距离 $x$ 较近的"2",等式两边同时除以2,得

$$\sqrt{x}=3$$

最后去除"$\sqrt{\phantom{x}}$",等式两边同时平方,得

$$x=9$$

2. 增根

解方程的核心方向是化归,化归的具体方法就是利用逆运算组合对方程进行还原。解整式方程时,通过消元、降次等方法把方程化归为一元一次方程;解分式方程和根式方程等特殊方程时,将这些特殊方程化归为整式方程。在化归的过程中,需要严格遵守等式的性质,一旦违反就会犯错,其中有一类错误特别隐蔽,就是增根问题,需要对其进行深刻的分析,弄清增根的来源。认识越深刻,越不易犯错。

我们知道在解完分式方程和根式方程等特殊方程后,

必须验根,这是"知其然"。为什么要验根?或者说,方程本身并没有增根,增根是怎样产生的呢?

在解方程的运算过程中,如果遵守等式的性质,则等式经过变换还是等式,这种变换本身不易犯错;但有时候,同样的变换方式会把一个非等式也变成等式,引发不等价变换,由此而产生增根,常见情况有以下两类。

(1)两边同乘 0,不等式也能变等式,这是解分式方程时增根的来源。

例如,求解 $\frac{5x+2}{x^2+x}+\frac{3x}{x+1}=3$。将等式两边同乘 $x^2+x$,方程可转化为一元二次方程,进而解得 $x=-1$,此时方程的分母为 0,显然这是方程的增根。求解过程中两边同乘的 $x^2+x$,其实是个 0,正是因为等式两边同时乘了这个 0,导致解方程时产生了增根。

如果不用乘法去分母,而是直接通分,原式变成 $\frac{3x^2+5x+2}{x^2+x}=3$,再变形为 $3+\frac{2(x+1)}{x(x+1)}=3$,就会发现 $\frac{2(x+1)}{x(x+1)} \neq 0$,因此方程无解。

(2)如果式子两边恰好为一对不为 0 的相反数,两边同时平方,不等式也能变等式,这是解根式方程时增根的来源。

例如，求解 $\sqrt{x}=x-2$。将等式两边平方，可得 $x=(x-2)^2$，解得，$x=1$或$x=4$。当$x=1$时，方程左侧$\sqrt{x}=1$，而右侧 $x-2=-1$，等式两边并不相等，显然这是方程的增根。正是因为将方程两边同时平方，制造出了一对相反数相等的假象，导致解方程时产生了增根。

综上所述，解特殊方程时，在将特殊方程转化为整式方程的过程中，进行的变换可能是不等价变换，正是不等价变换导致解方程时产生了增根，因此我们解特殊方程时必须要验根。

想做好一件事，我们要知其然，更要知其所以然。

# 第三章　方程

## 问题 22　1 除以 0 等于多少？

数学作为一个工具，每一次出现真正的问题，也就是解决不了的问题时，最终都是工具做出了妥协，负数、分数、无理数纷纷诞生。当大家被 $x^2=-1$ 困扰了上千年后，终于忍不住创造了虚数 $i$，让 $i^2=-1$，进而创造了整个复数系统，极大地拓展了数学的研究领域。最终人们惊奇地发现，无理数很有道理，虚数一点都不虚。

当遇到难题时，我们要养成良好的思维习惯，可以问以下两个问题：

（1）先检讨自己，我们把工具用好了吗？

（2）发现自己确实将已有工具物尽其用后，再审视工具，工具是否完善？能否改良？

为什么不能去怪问题呢？因为问题是客观存在的，并不会因为我们的责怪而消失，发现问题的希帕索斯可以被沉入海底，问题本身却不能！

当我们用完善工具的眼光来审视数的扩张时，会发现负数、分数、无理数、虚数，每创造出一种新的数，我们能够解决问题的范围都会大增，这是一件事半功倍的好事，性价比极高。在我们的运算体系里，还有没有类似的漏洞呢？

细心的读者可能已经发现，在除法的领域里，"$1 \div 0 = ?$"一直还悬而未决呢！能不能引入一个无穷大"$\infty$"来填补这个空白呢？这都不能算是发明，只能说是引入，因为几乎所有人都能感觉到这位无穷大"先生"的存在。

看起来这是个好主意，我们来试试！

假设我们规定 $1 \div 0 = \infty$，由乘除逆运算定义得，$1 = \infty \times 0$，再往前一步，得

$$\begin{aligned} 1 &= \infty \times 0 \\ &= \infty \times (0 \times 2) \\ &= (\infty \times 0) \times 2 \\ &= 1 \times 2 = 2 \end{aligned}$$

天哪，$1 = 2$，这太混乱了！要想引入 $\infty$，就必须对运算法则进行重大调整，得不偿失，这是数学体系接受不了的，看来贸然引入 $\infty$ 不是个好主意。

引入一个工具，制定一个规则，都不能太随意，需要权衡利弊，归结起来就是性价比一定要高。数学里每一个符号，每一条规则，都是精挑细选的。

# 第四章 函数

自然这一巨著是用数学符号写成的。

——伽利略·伽利雷

# 问题 23 什么是函数？

我们很早就已经接触了函数，只是没有将它明确出来。例如，一支铅笔1元钱，那买几支铅笔就付几元钱，用函数表达就是 $y=x$（其中，$y$ 是钱数，$x$ 是铅笔支数）。"在一个变化过程中，如果有两个变量 $x$ 和 $y$，并且对于 $x$ 的每一个确定的值，$y$ 都有唯一确定的值与其对应，那么我们就说 $x$ 是自变量，$y$ 是 $x$ 的函数。"教材的这个定义源自欧拉，最直观生动。

## 1. 函数是对应关系

函数为什么叫函数呢？历史才能回答这个问题。函数（function）之名，源自德国数学家莱布尼茨，就是跟牛顿同时创立微积分的那位大数学家。function 的意思是"功能"，即变量进入一个模式并在其中发挥功能。清朝数学家李善兰先生在翻译《代数学》时将其译为"函数"，函者含也，"凡式中含天，为天之函数"。古时以天、地、人、物代表变量，可把这个天理解成 $x$。

函数不是一个数，而是一种关系，是两个变量 $x$ 和 $y$ 之间"一一对应"的关系。

函数是变量进入一个模式并在其中发挥功能，最典型的模式是代数式，例如，$y=2x-3$ 就是个函数，$x$ 输入一个数，$y$ 就输出一个数。这个模式未必一定要是个代数式，也可是其他的事物，例如"红灯停，绿灯行"，把灯看作 $x$，行动看作 $y$，也符合变量间一一对应的关系，因此也可将红绿灯系统看作一个函数。在代数式不确定，或者不是代数式的情况下，可以用 $y=f(x)$ 来表示函数，这一形式更具普遍性。

伽利略说，"自然这一巨著是用数学符号写成的。"从某种意义上说，世界上一切变化关系、变化规律都可用函数来描述，函数是数学揭秘世界最重要的工具，克莱因"希望把函数概念放到教学的中心地位，因为在过去两个世纪的一切数学概念中，凡是用到数学思想的地方，函数概念总起着主导的作用。"

本书是以函数为中心展开的，前三章通过数→式→方程的不断升级，为引入函数奠定代数基础。为了更好地研究函数，后三章分别从解析、图形、变换三方面来丰富几何工具，用几何直观来提升函数的可理解性。

## 2. 对应法则

函数本质是在描述变量之间的关系，使用的工具是"对应"。建立一个好的对应关系，能帮助我们理解很多问题。人类似乎有着天生的对应能力，语言就是在一些奇怪的发音与丰富的含义之间建立的对应关系。数学中关于对应最精彩的例子,莫过于将其用在无穷大的比较中,我们通过以下 5 个问题,来学习这一对应方法。

【问题 1】两条长度不同的线段,谁的点更多?

【析】线段上的点是无穷多的,肯定数不完,要想比较,需要先制定一个标准:如果线段 $l_1$ 上的任一点,在线段 $l_2$ 上都能找到一点与其对应,反之亦然,那么我们就说两条线段上的点一样多,准确地说,应该是无穷大的数量级一样。

以长度不同的线段 $AB$,$CD$ 为例,如图 4-1 所示,连接 $CA$ 和 $DB$ 交于点 $P$。$AB$ 上任意一点与 $P$ 点所在直线必与 $CD$ 有且仅有一个交点,说明对于 $AB$ 上任一点,$CD$ 上必有一点与其对应;反过来可证,对于 $CD$ 上任意一点,$AB$ 上必有一点与其对应;因此 $AB$,$CD$ 上的点能一一对应,可以说线段 $AB$,$CD$ 上的点一样多。

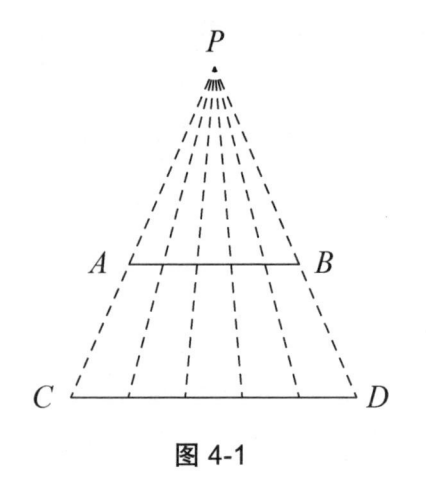

图 4-1

# 第四章 函数

【问题 2】一条直线和一条线段，谁的点更多？

【析】如图 4-2 所示，对于半圆 $m$ 上任一点，其与圆心 $P$ 所确定的直线与直线 $l$ 必有一交点，即对于半圆 $m$ 上任意一点，直线 $l$ 上必有一点与其对应；同理可证，对于直线 $l$ 上任意一点，半圆 $m$ 上必有一点与其对应；即半圆 $m$ 上的点与直线 $l$ 上的点能一一对应，因此可认为一个半圆和一条直线上的点一样多。如果把半圆拉直，就是一条线段，看来直线与线段上的点也一样多，真是神奇。

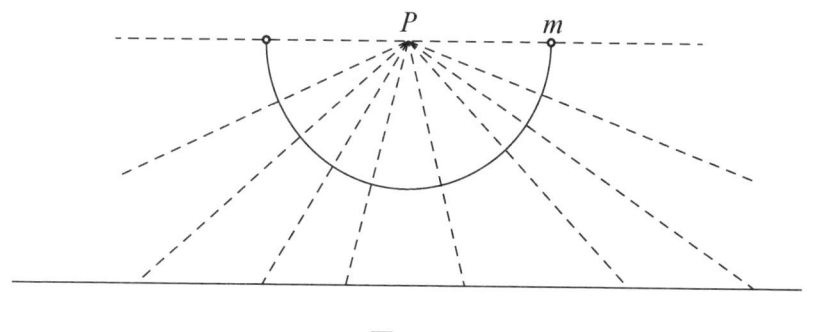

图 4-2

使用这种对应的方法，不仅可以比较线上点的多少，还可以比较集合中数的多少。

【问题 3】正整数集合和正偶数集合，哪个集合里的数更多？

【析】直观来说，肯定是正整数多，正偶数只占它的一半，但如果建立如表 4-1 所示的对应标准，我们惊奇地发现，二者居然可以一一对应，所以说它俩的数量一样多！

如果用 $x$ 来表示正整数，用 $y$ 来表示正偶数，就可以用一个函数 $y=2x$ 来展现二者的对应关系。

表 4-1

| 正整数 | 1 | 2 | 3 | 4 | 5 | 6 | …… | $n$ | …… |
|---|---|---|---|---|---|---|---|---|---|
| 正偶数 | 2 | 4 | 6 | 8 | 10 | 12 | …… | $2n$ | …… |

**【问题 4】** 有理数集合和自然数集合，哪个集合里的数更多？

**【析】** 在有理数中，先找出分子分母之和为 2 的所有正分数，即 $\frac{1}{1}$；再找出分子分母之和为 3 的所有正分数，即 $\frac{1}{2}$，$\frac{2}{1}$；然后找出分子分母之和为 4 的所有正分数，即 $\frac{1}{3}$，$\frac{3}{1}$，注意 $\frac{2}{2}$ 与前面的 $\frac{1}{1}$ 重复，因此剔除；以此类推，可以按顺序写出全部正分数，即全部正有理数，与正整数一一对应；负数和 0 按同样标准建立对应关系，即可证明自然数和有理数一样多。

这个对应关系很难写成一个式子，但它们也可被看作函数关系。根据函数的定义，函数未必是一个式子，但一定是变量间的一一对应关系。

**【问题 5】** 自然数集合和实数集合，哪个集合里的数更多？

第四章 函数

【析】遇到涉及实数和无理数判定的问题，很难进行正向证明，一般采用反证法，比如前面我们在判断一个数是不是无理数时，也是使用反证法，因此我们采用反证法来讨论自然数和实数集合的数量级问题。

假设自然数集合和实数集合的数量级一样，那么就必然可以找到一套对应标准，如表 4-2 所示，使得两个集合中的数一一对应。

表 4-2

| 自然数 | 实数（只考虑 0~1 之间的数） |
| --- | --- |
| 1 | 0.123243454… |
| 2 | 0.056859389… |
| 3 | 0.348592334… |
| 4 | 0.234759021… |
| 5 | 0.948520249… |
| …… | …… |
| …… | …… |

现在我们找这样一个数，小数点后的第 1 位选第 1 行实数的小数点后第 1 位之外的任意一个数（为了避免出现 0.2999…=0.3 这种意外，不选 0 和 9），也就是说小数点后第 1 位与第 1 行实数的小数点后第 1 位不一样，小数点后第 2 位与第 2 行实数的小数点后第 2 位不一样……小数点后第 $n$ 位跟与 $n$ 行实数的小数点后第 $n$ 位不一样……以此类推，如表 4-3 所示，举个例子，这个数可以是 0.26783…。

89

表 4-3

| 小数点后 | 第1位 | 第2位 | 第3位 | 第4位 | 第5位 | …… |
|---|---|---|---|---|---|---|
| 要求 | 非1 | 非5 | 非8 | 非7 | 非2 | …… |
| 举例 | 2 | 6 | 7 | 8 | 3 | …… |

0.26783…明明在0~1之间，却永远无法出现在表4-2里，因为跟表格中的任一个数相比，0.26783…与它至少有一位上的数不一样。由这个矛盾可知，前提假设不成立，因此，实数与自然数并不一样多。虽然自然数无穷多，实数也是无穷多，但这两个无穷多不是一个量级的，实数的无穷多量级更大。

## 第四章 函数

## 问题 24 怎么找规律?

函数的本质是两个变量 $x$ 和 $y$ 之间的对应关系,$x$ 取一个值,对应 $y$ 的一个值,想找到这个对应规律,需要一个有效的方法把 $x$ 和 $y$ 的关系表示出来。有哪些方法呢?

首先就是列表法。列表法直观、易理解,通常表格会帮助我们迅速厘清思路,问题 23 中我们就多次使用了列表法。

有些问题太复杂、太抽象,列表也帮不上忙,还有什么办法呢?图象法!画图更加直观。怎么把这些数量关系转化成图形呢?这就是另一个天才的对应关系——平面直角坐标系,通过数对与点的对应,最终实现数与形的对应。

在平面直角坐标系里,点与数对相对应,线与函数相对应,最关键的对应关系就是:"'点在线上'相当于'坐标符合函数式'",如图 4-3 所示,点 $P(a, b)$ 在直线 $l: y = x$ 上,那么就可以将 $P$ 的坐标代入直线的解析式:$b = a$。

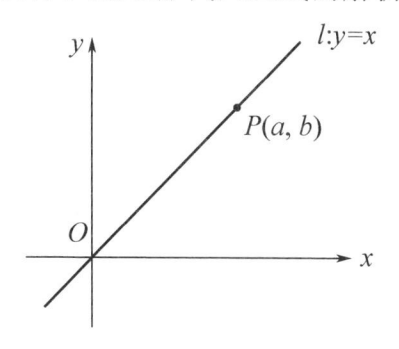

图 4-3

后面我们会看到，一次函数的图象是直线，二次函数的图象是抛物线，反比例函数的图象是双曲线，如图 4-4 所示。当然，以后还会发现，函数未必是条线，严格来说，把"线"换成"图象"更准确。

二次函数
$y=x^2+1$

一次函数
$y=\dfrac{1}{2}x$

反比例函数
$y=\dfrac{2}{x}$

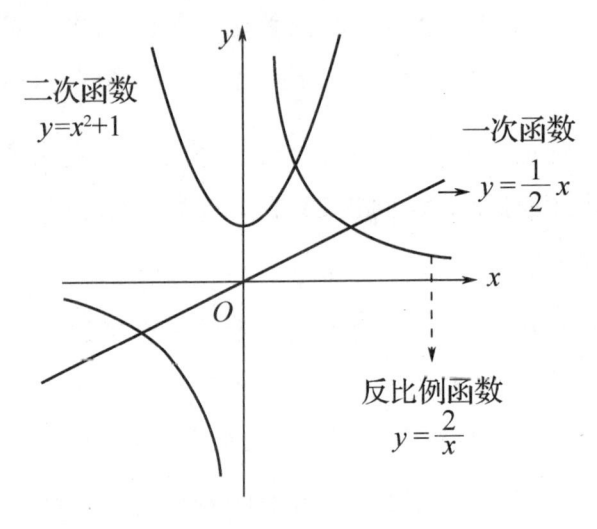

图 4-4

# 第四章 函数

## 问题 25 为什么一次函数的图象是直线?

形如 $y = kx + b$ ($k \neq 0$) 的函数叫一次函数,其图象是一条直线。

我们学画一次函数的图象时,一般先找几个坐标点,把它们连起来,直观来说确实是直线,但这其中有一点是模糊的,为什么这些坐标点连接起来一定是一条直线,而不是其他的平滑曲线,例如,图 4-5 中很小的波浪线呢?

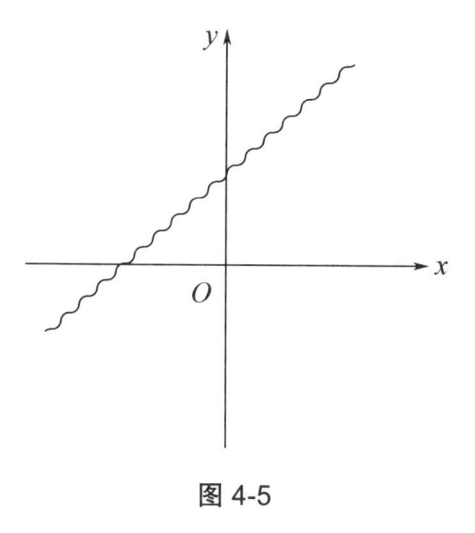

**图 4-5**

### 1. 严格证明

我们尝试用严格的数学方法来证明"一次函数的图象是一条直线"。

**【例1】** 已知点 $A(0, 1)$，$B(1, 3)$ 连成一条直线 $AB$，点 $D(x, y)$ 满足 $y = 2x+1$；求证：点 $D$ 在直线 $AB$ 上。

**【证】** 当点 $D$ 与点 $A$ 或点 $B$ 重合时，即 $x=0$ 或 $x=1$ 时，点 $D$ 必然在直线 $AB$ 上。

当点 $D$ 不与点 $A$ 或点 $B$ 重合时，$x$ 的取值有三种情况：① $x<0$；② $0<x<1$；③ $x>1$。我们先讨论 $x>1$ 时点 $D$ 与直线的关系。假设 $x=a$，此时点 $D$ 的坐标为 $(a, 2a+1)$，如图 4-6 所示。

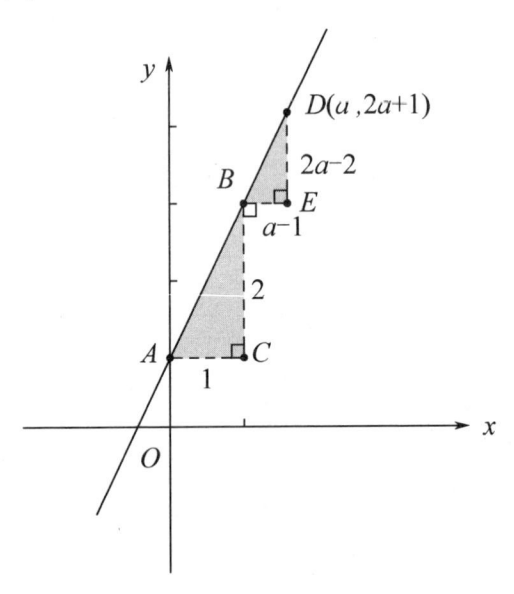

图 4-6

如图 4-6 所示，可证 $\triangle ABC \sim \triangle BDE$（SAS），
所以 $\angle ABC = \angle BDE = 90° - \angle DBE$，

所以 $\angle ABD = \angle ABC + \angle CBE + \angle DBE = 180°$，
故 $A$，$B$，$D$ 三点共线。

同理可证，$x<0$ 或 $0<x<1$ 时，$A$，$B$，$D$ 三点共线。

由上述证明可知，满足 $y=2x+1$ 的任意一点都在直线 $AB$ 上，即该一次函数的所有点共线，证明完毕。

采用相同的方法，我们还可以证明一次函数 $y=kx+b$（$k\neq 0$）的任意三点共线，即该函数上的所有点在同一条直线上。

## 2. 系数的威力

一次函数 $y=kx+b$ 的图象是一条直线，其中的两个系数 $k$，$b$ 到底确定了直线的什么属性呢？

$k$ 确定了斜率，即直线的方向。

$b$ 确定了截距，即直线的位置。

如果系数 $k$、$b$ 都确定了，例如，$k=2$，$b=1$，那这条直线就能确定地画出来了。如果只知道其中一个呢？例如，只知道 $k=2$ 但不知道 $b$，也就是 $y=2x+b$，这条直线是什么样呢？如图 4-7 所示，形如 $y=2x+b$ 的函数对应的系列直线是一组平行线。

再如，只知道 $b=1$ 但不知道 $k$，也就是 $y=kx+1$，这条直线是什么样呢？如图 4-8 所示，形如 $y=kx+1$ 的函数对应的系列直线都过 $(0,1)$ 点。

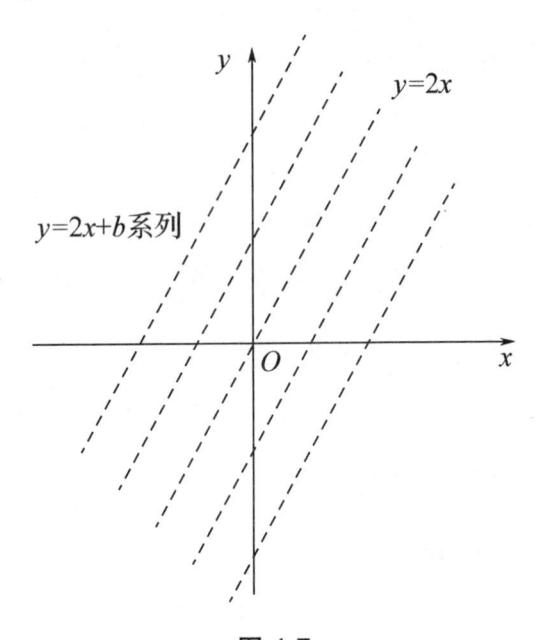

图 4-7

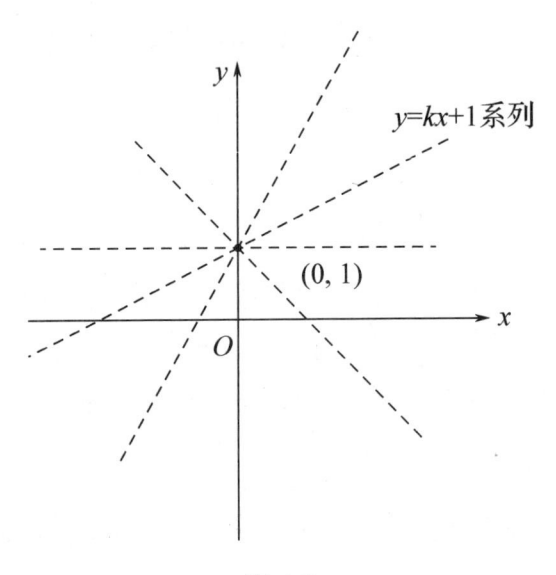

图 4-8

还有更奇怪的函数，例如，$y=mx-4m+2$，明明只有一个字母 $m$，但是这个 $m$ 同时决定斜率和截距，这条直线又是什么样呢？

可将函数式变形为 $y=m(x-4)+2$，如图 4-9 所示，这一系列直线都过 (4, 2) 点。

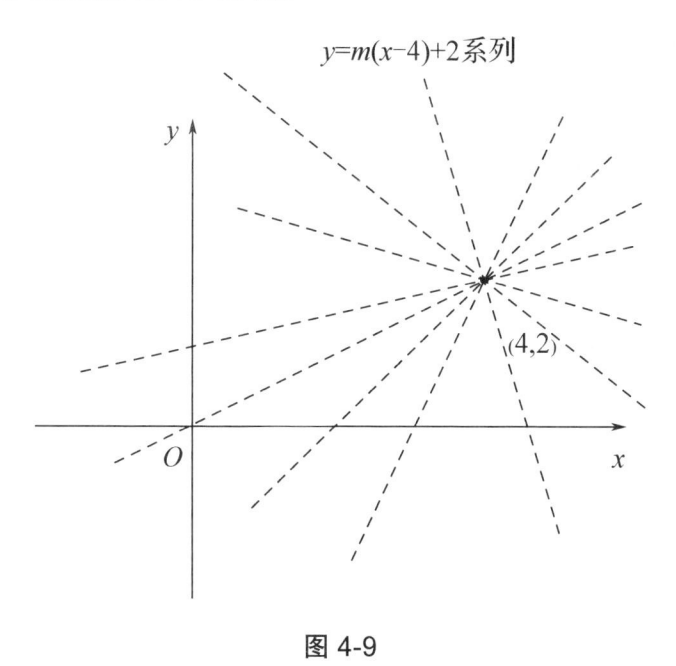

**图 4-9**

前面讨论的是知道了一次函数解析式,怎么确定直线。反过来,如果已经确定了直线,怎么求得这条直线的解析式呢？用待定系数法,关键还是牢记"'点在线上'相当于'坐标符合函数式'"这一对应关系,将两点坐标代入函数式 $y=kx+b$，即可求得两个待定系数 $k$ 和 $b$。

## 问题26  为什么二次函数的图象叫抛物线?

形如 $y=ax^2+bx+c\,(a\neq 0)$ 的函数叫二次函数,它的图象是一条抛物线,那它为什么叫抛物线呢?或者换个说法,我们抛一个东西,把它的轨迹看作一个图象,这个图象上的点符合二次函数的性质么?

### 1. 物理学基础

抛东西是个物理问题,先补充点物理知识。

从水平方向看,物体做匀速直线运动;从竖直方向看,物体做匀加速直线运动。

首先研究速度公式。物体做匀速直线运动时,速度不变。物体做匀加速直线运动,速度在匀速增加,其速度公式为 $v=v_0+at$(其中,$v_0$ 为初始速度,$a$ 为加速度,$t$ 为时间)。

接下来研究位移公式。匀速直线运动的位移公式为 $S=vt$,就是如图 4-10 所示的矩形面积。

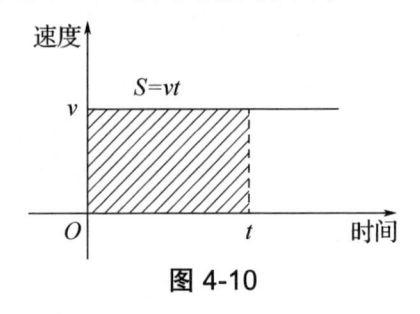

**图 4-10**

匀加速直线运动有点难以想象。如图 4-11 所示，我们尝试把匀加速直线运动分解成很多段，每一段近似看成匀速直线运动，每段时间内的位移≈这个时段的初始速度×时间，即一个小矩形的面积；将这些矩形面积求和就可得到总位移的近似值；拆得越细，近似误差越小，当把时段拆得足够细时，阴影面积就是总位移。利用直角梯形的面积公式可得，匀加速直线运动的位移公式为：

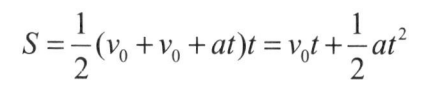

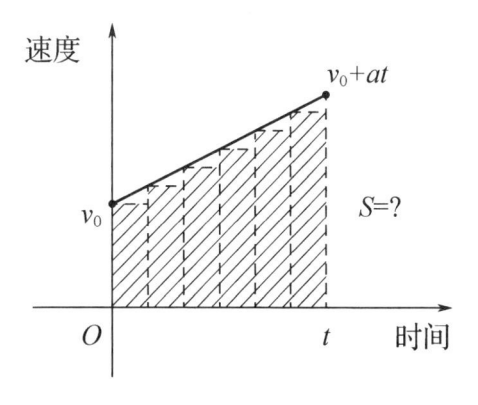

$$S = \frac{1}{2}(v_0 + v_0 + at)t = v_0 t + \frac{1}{2}at^2$$

图 4-11

## 2．推导抛球轨迹

接下来，我们抛一个球，看看它的运动轨迹是什么。为简化讨论，我们假设球的初始运动方向为水平向前，从 2m 高处抛球，只给球一个水平方向的初速度 5m/s，竖直方向的重力加速度 $a = 10\text{m/s}^2$。

水平方向上，球做匀速直线运动，位移 $S_1 = 5t$。

竖直方向上，球做匀加速直线运动，位移 $S_2 = 0 \cdot t + \frac{1}{2} \cdot 10 \cdot t^2 = 5t^2$。

如图 4-12 所示，建立平面直角坐标系，球的起点是 $(0, 2)$，设运动轨迹上任一个点的坐标为 $(x, y)$，其中，$x = S_1 = 5t$，$y = 2 - S_2 = 2 - 5t^2$，通过 $t$ 的连接，$x, y$ 建立的关系为 $y = 2 - 5t^2 = 2 - 5 \cdot \left(\frac{x}{5}\right)^2 = -\frac{1}{5}x^2 + 2$，看来把球抛出去的这条轨迹线——抛物线的确对应一个二次函数，把二次函数的图象叫作抛物线是很贴切的。

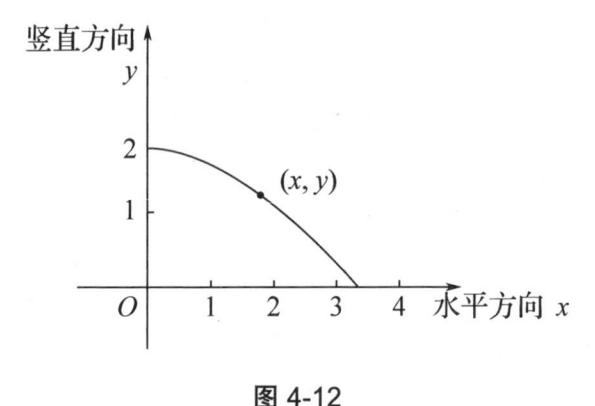

图 4-12

### 3. 怎样抛球飞得最远？

前面是为简化问题，所以假设沿水平方向抛球。如果不限定抛球角度，从地平面抛一个球，如图 4-13 所示，设

定球的初速度 $v=5$m/s 不变,竖直重力加速度 $a=10$m/s$^2$。在不考虑空气阻力的情况下,选择从什么角度扔出,这个球飞得最远呢?

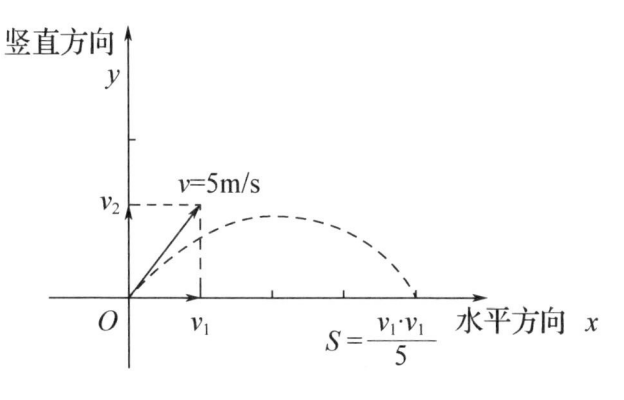

图 4-13

把初始速度分拆成水平方向的速度 $v_1$ 和竖直方向的速度 $v_2$,则 $v_1^2+v_2^2=5^2$。

先分析竖直方向的运动过程,在抛物线顶点时球在竖直方向的速度 $v=v_2-10t=0$,至顶点用时 $t=\dfrac{v_2}{10}$,上升与下落的用时相同,故这个球从抛出到落地的总时间为 $t=\dfrac{v_2}{5}$。

再考虑水平方向的运动过程,位移 $S=v_1t=v_1\cdot\dfrac{v_2}{5}=\dfrac{1}{5}\cdot\dfrac{v_1^2+v_2^2-(v_1-v_2)^2}{2}=\dfrac{5^2-(v_1-v_2)^2}{10}\leqslant\dfrac{5^2-0}{10}=\dfrac{5}{2}$,当 $v_1=v_2=$

101

$\dfrac{5\sqrt{2}}{2}$ 时取最大值，此时的抛球角度为 45°，就是要求的最优解。

这是 18 世纪的炮兵最喜欢的数学题目之一，能不能算好这道题，直接影响他们的战斗效果。

第四章　函数

## 问题 27　怎样研究曲线？

函数研究的是 $x$ 与 $y$ 在变化中的对应关系，简单地说，就是 $x$ 变化的时候，$y$ 怎么变，例如，$x$ 增加了 1，$y$ 会怎么变化呢？在图象上描述这个变化，最直观的一个数值就是斜率。

直线的斜率是固定的，因此一次函数处理起来很方便。抛物线是一条曲线，没有办法像直线一样直接求出一个固定的斜率，那么怎么研究它呢？

### 1. 平均变化率

在抛物线上，$y$ 随 $x$ 变化时的准确变化率不好算，可以退而求其次，先研究"平均变化率"，即取抛物线的一段，只看两个端点 $(x_1,\ y_1)$，$(x_2,\ y_2)$ 所连线段的斜率 $\dfrac{y_2-y_1}{x_2-x_1}$。以 $y=x^2$ 为例，如图 4-14 所示，这个函数在 $0 \leqslant x \leqslant 1$ 这一段上的平均变化率为 1，在 $1 \leqslant x \leqslant 2$ 这一段上的平均变化率为 3。

分段研究可以看到平均变化率的情况如表 4-4 所示。

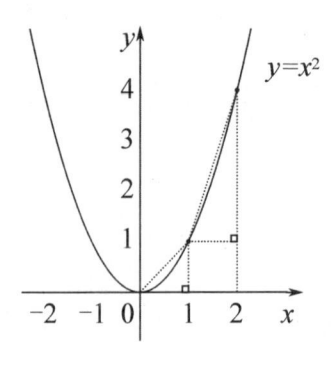

图 4-14

表 4-4

| $x$ 的变化 | $-3 \to -2$ | $-2 \to -1$ | $-1 \to 0$ | $0 \to 1$ | $1 \to 2$ | $2 \to 3$ |
|---|---|---|---|---|---|---|
| $y$ 的变化 | $9 \to 4$ | $4 \to 1$ | $1 \to 0$ | $0 \to 1$ | $1 \to 4$ | $4 \to 9$ |
| 平均变化率 | $-5$ | $-3$ | $-1$ | $1$ | $3$ | $5$ |

如果从顶点$(0, 0)$出发，越往左右两侧走，平均变化率的绝对值越大，即变化速度越快。那么，是不是形如$y = ax^2(a>0)$对应的抛物线都有这个性质呢？

如图 4-15 所示，抛物线 $y = ax^2(a>0)$ 上有一点 $P(t, at^2)$（其中 $t>0$），沿着抛物线从点 $P$ 出发向右走 1 个单位长度到点 $P'$，则点 $P'$ 的坐标为 $(t+1, a(t+1)^2)$，因此 $PP'$ 的平均变化率 $= \dfrac{a(t+1)^2 - at^2}{(t+1) - t} = 2at + a$，越往右，$t$ 越大，平均变化率 $2at + a$ 就越大。

# 第四章 函数

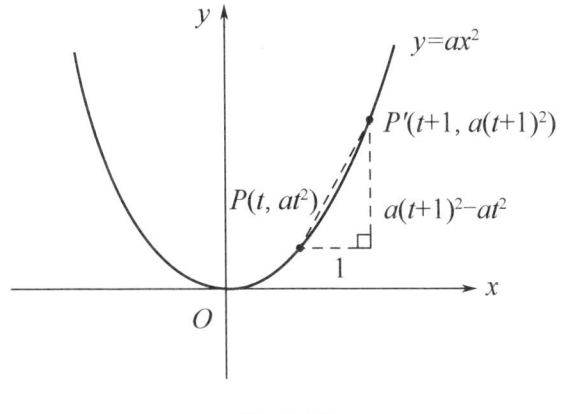

图 4-15

在 1 个单位长度上研究平均变化率，还是略显粗糙，为求精细，把研究的宽度变小，从 1 缩小到 $\Delta$，可以把这个 $\Delta$ 理解成很小的一段，比 0.001 还小，此时用刻度尺不好测量，需要我们发挥想象力，$\Delta$ 越小越好。

假设沿着抛物线从点 $P(t, at^2)$（其中 $t > 0$）向右走 $\Delta$ 到点 $P'$，则点 $P'$ 坐标为 $(t+\Delta, a(t+\Delta)^2)$，因此 $PP'$ 的平均变化率为 $\dfrac{a(t+\Delta)^2 - at^2}{(t+\Delta) - t} = 2at + a\Delta \approx 2at$，因为 $\Delta$ 太小，就忽略不计了。我们把这个平均变化率 $2at$，称为函数 $y = ax^2$ 在点 $P(t, at^2)$ 处的导数。导数（derivative），就是从函数中"推导（derived）"出来的平均变化率，用它来近似斜率。导数的大小反映了在函数的一个点上，$y$ 随 $x$ 的变化而产出的变化幅度。

对于抛物线 $y = ax^2 (a > 0)$，当 $t = 0$ 时，点 $P(0, 0)$ 附近

的平均变化率 $2at=0$，即在顶点 $(0, 0)$ 附近的一小段上，当 $x$ 变化时 $y$ 几乎没有变化；当 $t>0$ 时，点 $P(t, at^2)$ 越往右，它附近的平均变化率 $2at$ 越大，说明 $x$ 变化时 $y$ 变化得越快，当 $t$ 很大时，平均变化率会非常大；当 $t<0$ 时，可视作 $t>0$ 情况的对称镜像，$x$ 越往左，$y$ 变化得越快。

我们研究了 $y=ax^2(a>0)$ 的变化情况，就可以将结论推广到所有抛物线，因为 $a<0$ 时相当于原抛物线沿 $x$ 轴翻折，而 $y=a(x-k)^2+h$ 只是将原抛物线挪动了一下位置，形状并没变，平均变化率只与抛物线的形状相关，与位置无关。如图 4-16 所示，对于抛物线的变化趋势，可以形成一个最直观的认识：

（1）顶点附近是抛物线坡度最缓的地方；

（2）距离顶点越远，坡变得越陡峭；

（3）无论在顶点附近形状多扁平的一条抛物线，只要距离顶点足够远，最终总会变得非常陡峭！

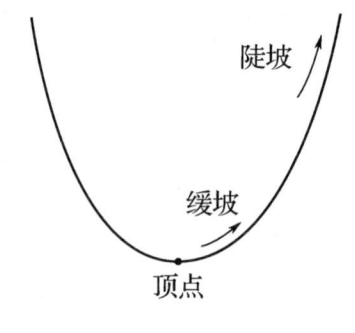

图 4-16

第四章　函数

【例 1】如图 4-17 所示，在平面直角坐标系上，分别过点 $M(t, 0)$ 和点 $N(t+2, 0)$ 作 $x$ 轴的垂线，交抛物线 $y = ax^2 - 2ax + a - 2 (a > 0)$ 于点 $A$，$B$。记抛物线在点 $A$，$B$ 之间的部分为图象 $g$（包括 $A$，$B$ 两点），记图象 $g$ 上任意一点的纵坐标的最大值与最小值的差为 $m$。

（1）当 $a = 2$ 时，若图象 $g$ 为轴对称图形，求 $m$ 的值；

（2）若存在实数 $t$，使得 $m = 2$，直接写出 $a$ 的取值范围。

【析】将抛物线化为顶点式，$y = ax^2 - 2ax + a - 2 = a(x-1)^2 - 2$，则其顶点为 $P(1, -2)$。

题目中关于 $g$ 的这段描述，可以直观地理解为，取抛物线上宽度为 2 的一段图像为 $g$。

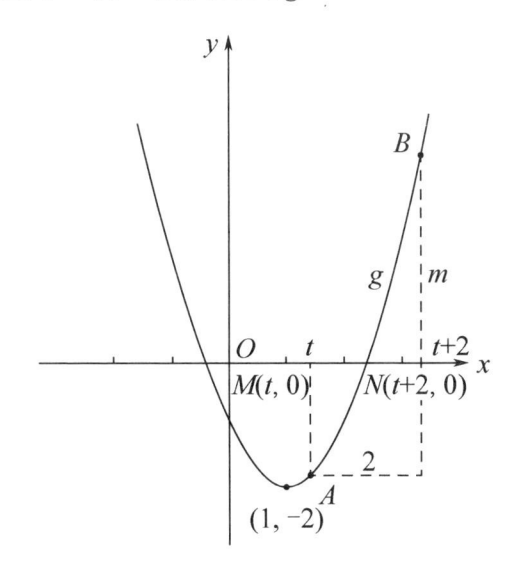

图 4-17

（1）当 $a=2$ 时，若图象 $g$ 为轴对称图形，如图 4-18 所示，$g$ 为 $0 \leqslant x \leqslant 2$ 这一段，可求得 $m=2$。

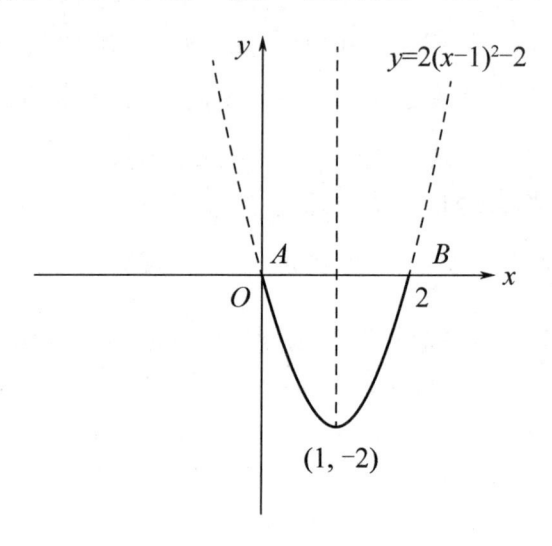

图 4-18

（2）抛物线在很远的地方一定很陡，要想取到宽度、高度同时为 2 的地方，只能尽量从缓坡找，如图 4-19 所示；最缓的地方就是顶点附近，如果此处宽度为 2 时高度比 2 小，那随着外移，坡度变陡，就能找到符合要求的一段；否则，如果顶点附近都比 2 陡，别的地方就更陡峭了，不可能找到符合要求的图象 $g$。

基于这个思路，我们只要限制坡度最缓的 $0 \leqslant x \leqslant 2$ 这一段图象 $g$ 满足 $m \leqslant 2$ 就可以了，此时 $m=(a-2)-(-2) \leqslant 2$，可得 $0 < a \leqslant 2$。

图 4-19

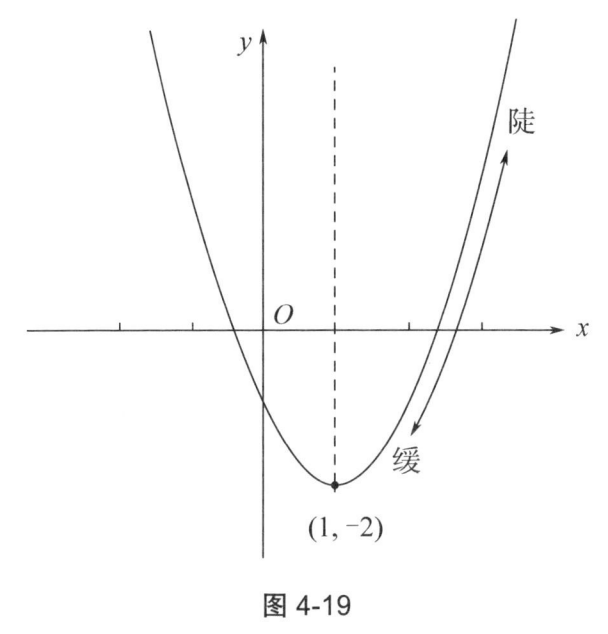

## 2. 将平均变化率转化为斜率

如果能将抛物线这类曲线的平均变化率与直线的斜率对应起来,对于理解曲线会有更大的帮助,我们先从一个特殊情况开始考查。

【例 2】若直线 $y=kx$ 过抛物线 $y=ax^2$($a\neq 0$)的顶点,什么时候两线相切?什么时候相交?求交点坐标。

【析】可以直接联立方程,通过求解的方法来确定两线的交点个数。

$$\begin{cases} y=kx \\ y=ax^2 \end{cases}$$

得 $$ax^2 - kx = x(ax-k) = 0$$

只有当 $k=0$ 时，方程两解相同，此时两线相切；其他任何时候，两解不同，则两线相交，交点分别为 $(0, 0)$ 和 $(\dfrac{k}{a}, \dfrac{k^2}{a})$。

注意，相切时的直线就是 $x$ 轴，其斜率 $k=0$，而抛物线 $y=ax^2$ 在顶点 $(0, 0)$ 的平均变化率也为 0。

保持抛物线的形状不变，调整其位置，这一结论不变，即：一条直线过抛物线的顶点，只有水平的直线（即平行于 $x$ 轴的直线），才与抛物线相切，其他时候二者都会相交于另一点。

如果不是过顶点，而是过抛物线上任一点，作这条抛物线的切线，会是什么样子呢？

【例 3】过 $y=x^2$ 上一点 $P(2, 4)$ 作切线，求切线的解析式。

【析】假设这条切线是 $y=k(x-2)+4$，将其与 $y=x^2$ 联立：

$$\begin{cases} y = k(x-2) + 4 \\ y = x^2 \end{cases}$$

得 $$x^2 - kx + 2k - 4 = 0$$

# 第四章 函数

相切时方程有两个相同解，$\Delta=0$，得 $k=4$，切线的解析式为 $y=4x-4$。

而抛物线在点 $P(2,4)$ 的平均变化率也是 4，这并非巧合，相同的方法可以证明更一般的结论：抛物线 $y=ax^2+bx+c\,(a\neq 0)$ 上任一点的平均变化率与该点切线的斜率相同。我们终于将抛物线这条曲线上的变化率转化成了直线的斜率，这个结论很重要。问题 28 还要用到它。

牛顿（Newton），1643—1727 年，英国百科全书式的天才，与爱因斯坦合称物理学双璧，与阿基米德、欧拉、高斯并列数学四大天王。牛顿对于数学的贡献，不仅是创建了微积分，更是传达了一种精神，他一改之前"数学家们将时间浪费在无意义的谜语逗趣"的风气，将数学应用在物理世界，解决了各种现实问题，引领了一场深刻的科学革命。

## 问题 28　阿基米德是怎么把船点着的？

相传，罗马人开着舰船来进攻叙拉古城，城内的英雄阿基米德让士兵用盾牌组成一面巨镜，将阳光聚焦，成功点燃了罗马侵略者的战船，保卫了家园。这面巨镜是一面抛物面反光镜，为什么它会有如此巨大的魔力呢？

### 1. 抛物线的定义

在常见的曲线中，圆上所有点到圆心的距离固定，椭圆上所有点到两个焦点的距离之和固定，抛物线上的点有什么特性呢？

如图 4-20 所示，在平面直角坐标系上取一个点 $A(0,1)$，一条直线 $l: y=-1$，到点 $A$ 的距离和到直线 $l$ 距离相等的点是什么样呢？设这个点为 $P(x, y)$，利用距离公式可建立等式 $\sqrt{(x-0)^2+(y-1)^2}=|y+1|$，整理可得 $y=\frac{1}{4}x^2$，恰好是二次函数。

将抛物线一般化，我们可证，对于所有 $y=ax^2$（$a \neq 0$）形式的抛物线，线上任一点到点 $A(0, \frac{1}{4a})$ 的距离与到直线 $l: y=-\frac{1}{4a}$ 的距离相等。通过平移，可将这一性质推广到

更一般的抛物线 $y=a(x-k)^2+h$，此时抛物线只改变了位置，并未改变形状，相应平移点 $A$ 和直线 $l$ 的位置即可。

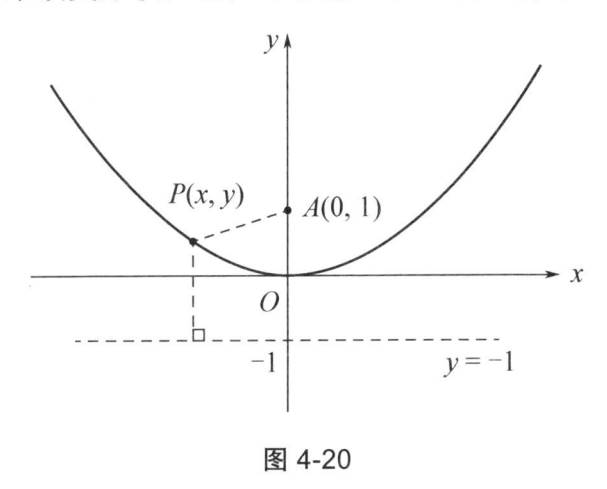

图 4-20

严格来说，平面上到一点的距离与到不过该点的一条直线的距离相等的点的轨迹称为抛物线，这就是抛物线的定义，我们称这个点为"焦点"，这条直线为"准线"，过焦点作准线的垂线就是抛物线的对称轴。

## 2．抛物面的神奇应用

将一条抛物线绕其对称轴旋转 $180°$，可获得一个抛物面，抛物面上所有抛物线共享同一个焦点、同一条对称轴。如果把反光镜做成抛物面形状，会有一个神奇的性质：如果在焦点处放一个点光源，如图 4-21 所示，通过镜子的反射，可将点光源变成一组与对称轴平行的光束。利用这个性质，工程师们制造出了探照灯、车头灯。

图 4-21

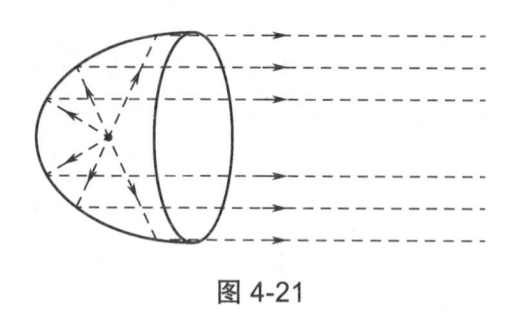

反过来，如果沿着平行于对称轴的方向，向镜子发射一组平行光，那么这些光将聚焦到焦点。阿基米德点燃战船就是利用了这个性质，后来牛顿也利用这一性质制造出了反射望远镜，成为观测太空的重要工具。

为什么抛物面（线）会这么神奇呢？利用刚学过的抛物线定义和切线性质，我们可以解释这一切。

（1）我们先找抛物线上的一条切线。如图 4-22 所示，一条抛物线 $g$ 的焦点为 $P$，准线为 $l$。在 $g$ 上任取一点 $A$，过点 $A$ 作 $AB \perp l$ 于点 $B$，再作 $\angle PAB$ 的角平分线 $AC$ 交 $l$ 于点 $C$。可证 $AC$ 是抛物线 $g$ 的切线。

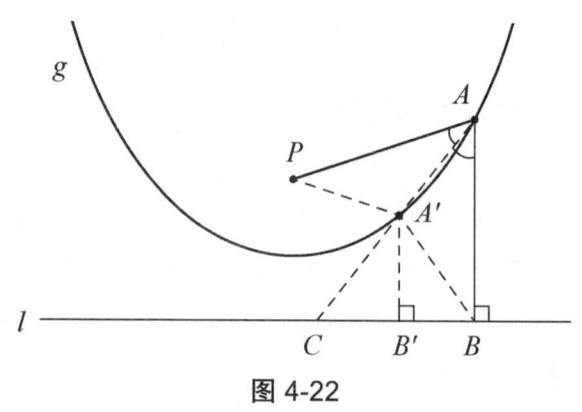

图 4-22

**【证】** 采用反证法，假设 $AC$ 不是抛物线 $g$ 的切线，则 $AC$ 与 $g$ 还有别的交点，设另一个交点为点 $A'$。

过点 $A'$ 作 $A'B' \perp l$ 于点 $B'$，则由抛物线定义得，$A'P = A'B'$。

由于 $AC$ 平分 $\angle PAB$，可证 $\triangle PAA' \cong \triangle BAA'$（SAS），所以 $A'P = A'B$。

因此，$A'B = A'B'$，而 $A'B'$ 是点 $A'$ 到直线 $l$ 的距离，在 Rt$\triangle A'B'B$ 中，直角边 $A'B'$ 不可能等于斜边 $A'B$，产生矛盾，所以假设不成立，因此 $AC$ 是抛物线 $g$ 的切线。

（2）既然 $AC$ 是抛物线 $g$ 的切线，抛物线在切点的平均变化率与切线的斜率相同，在切点的那一小段镜面可以看作一小段切线方向的平面镜。切线 $AC$ 是 $\angle PAB$ 的角平分线，因此 $\angle PAC = \angle DAB''$，即 $\angle PAE = \angle B''AE$，如图 4-23 所示。

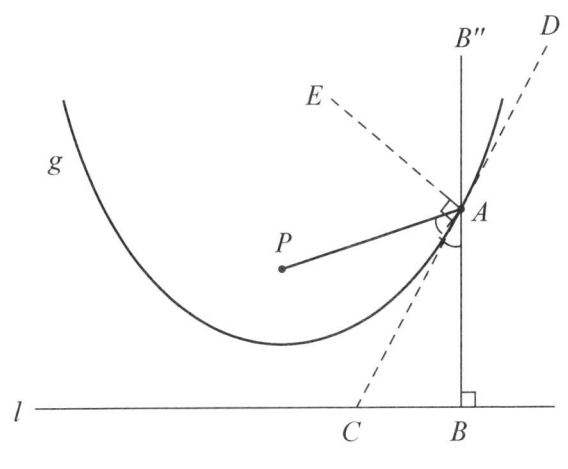

图 4-23

光从焦点 $P$ 出发到达切点 $A$ 后，遵循反射定律，入射角 $\angle PAE$ 等于反射角 $\angle B''AE$，光经切线反射到 $BA$ 方向，也就是垂直于准线 $l$ 的方向，或者说平行于对称轴的方向。

而点 $A$ 是抛物线 $g$ 上任取的一点，因此对于抛物线上任一点，这个反射都成立；进一步讲，对整个抛物面上任一点，这个反射也都成立，光从焦点 $P$ 向各个方向发射出去，只要射到抛物面上，都将反射到平行于对称轴的方向，最终产生一束平行光，如图 4-24 所示。

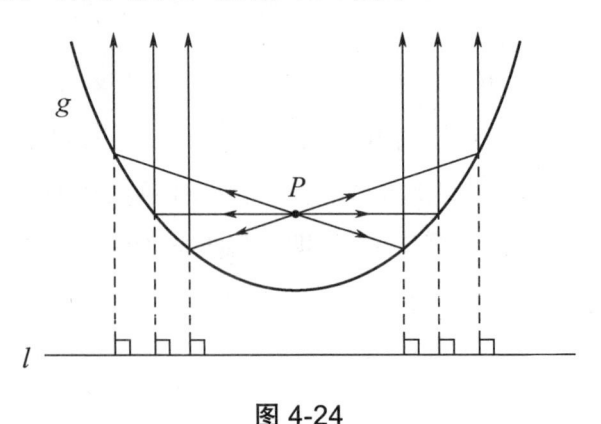

**图 4-24**

结合数学和光学知识，科学家和工程师们可以将小小的抛物线变化出多种应用。希望小读者们在掌握更多的数学知识后，也能融会贯通，学以致用。

## 第四章 函数

## 问题 29 反比例函数有什么特性?

形如 $y=\dfrac{k}{x}(k \neq 0)$ 的函数叫作反比例函数,其图象是双曲线。

研究函数的一个重要思想是,在变化中寻找不变量(或者不变的关系)。对于反比例函数 $y=\dfrac{k}{x}$ 来说,它最大的特点就是,从其图象双曲线上的任一点出发,分别引平行于 $x$ 轴、$y$ 轴的直线,如图 4-25 所示,与 $x$ 轴、$y$ 轴所围成的矩形面积 $S=|xy|=|k|$ 不变。

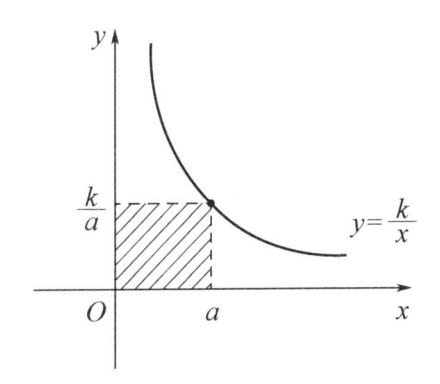

**图 4-25**

我们通过两个例子来加深对这一性质的理解。

【例 1】如图 4-26 所示,$A(1, 5)$,$B(1, 2)$,$C(4, 2)$ 三点围成一个三角形,若反比例函数 $y=\dfrac{k}{x}(x>0)$ 的图象与

△ABC 有公共点，求 k 的取值范围。

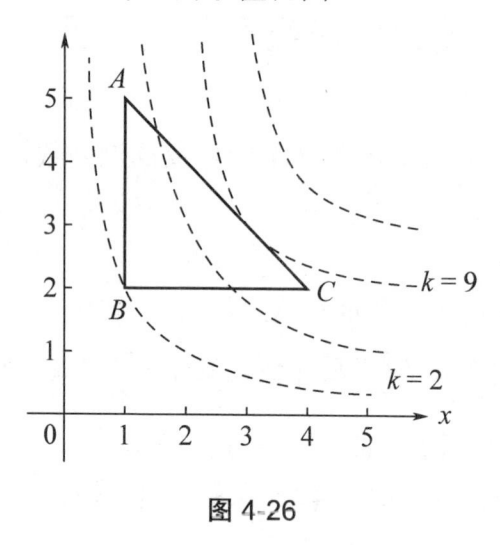

图 4-26

【析】构建一组类似于等高线的双曲线，从同一条曲线上的任一点出发，分别引平行于 x 轴、y 轴的直线，与 x 轴、y 轴所围成的矩形面积固定。距离原点越远，曲线上的点所对应的矩形面积越大，即 k 越大。显而易见，过点 B 时所对应的矩形面积最小，此时最小面积 $S = k = 1 \times 2 = 2$。

矩形面积最大可以是多少呢？注意到线段 AC 是直线 $x + y = 6$ 的一段，从这条线上的点出发，分别引平行于 x 轴、y 轴的直线，与 x 轴、y 轴所围成的矩形也有一个特点：周长固定为 $6 \times 2 = 12$；在周长固定的矩形中，正方形的面积最大，此时 $x = y = 3$，也就是过 (3,3) 点，此时最大面积 $S = k = 3 \times 3 = 9$。

此处用到了一个重要的性质：在周长固定的矩形中，

正方形的面积最大。你能给出证明吗?

【提示】可用完全平方公式或二次函数求最值。

【例2】如图4-27所示,一条直线分别与$x$轴、$y$轴交于点$M$,$N$,与反比例函数$y=\dfrac{k}{x}$交于点$A$,$B$,过点$A$,$B$分别作$x$轴和$y$轴的垂线,垂足分别为点$C$,$E$,$F$,$D$。

求证:$AB//CD$,$AN=BM$。

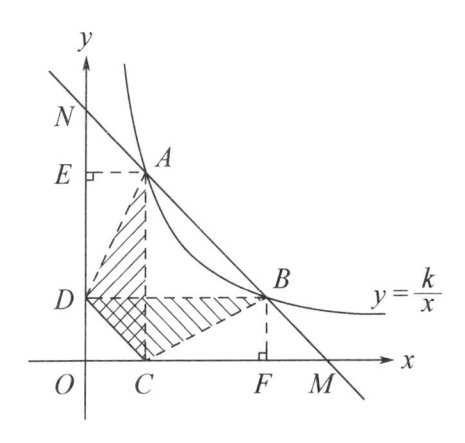

图4-27

【析】由双曲线面积的性质可知$S_{矩形ACOE}=S_{矩形BFOD}$,因此$S_{\triangle ACD}=S_{\triangle BDC}$,这两个三角形同底等面积,因此高相等,即点$A$和点$B$到直线$CD$的距离相等,故$AB//CD$。

又因为$AC//ND$,所以$ACDN$为平行四边形,所以$AN=CD$。

同理可证,$BM=CD$,所以,$AN=BM$。

## 问题30　方程与函数有什么关系？

根据 $x$ 的变化去研究 $y$，是函数的思想；知道 $y$ 的情况，去倒推 $x$，是解方程。二者是不是很像一对逆运算？如果给定函数 $y=x^2+1$，问当 $y=5$ 时 $x$ 等于多少？显然这就是解一元二次方程 $x^2+1=5$。利用函数图象研究方程和利用方程研究函数图象，都是很有效的方法。

### 1. 利用函数图象研究方程

一个点在一条线上，相当于，这个点的坐标符合这条线对应的函数式。例如，已知点 $P(a, b)$ 在直线 $y=x+2$ 上，那么可得 $b=a+2$。也可以说，点 $P$ 的坐标是这个方程的一个解，当然这个方程会有很多解，例如，$(0, 2)$，$(1, 3)$，等等。

从函数图象角度来看，解一元一次方程、一元二次方程就是寻找对应的直线、抛物线与 $x$ 轴的交点。如图 4-28 所示，解一元一次方程 $\frac{1}{2}x+1=0$ 所得的解 $x=-2$ 可以看作求直线 $y=\frac{1}{2}x+1$ 与直线 $y=0$ 的交点 $A(-2, 0)$；解一元二次方程 $x^2-4x+3=0$ 所得的解 $x=1$ 或 $x=3$，可以看作求抛物线 $y=x^2-4x+3$ 与直线 $y=0$ 的交点 $B(1, 0)$，$C(3, 0)$。

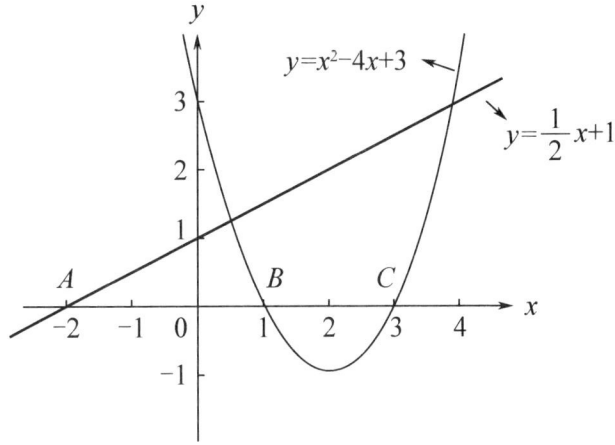

图 4-28

利用函数图象，还能探讨一元三次方程的解的情况。例如，将 $x^3+3x-14=0$ 变形为 $x^2+3=\dfrac{14}{x}$，可看作 $y=x^2+3$ 与 $y=\dfrac{14}{x}$ 的公共解，即抛物线和双曲线的交点，如图 4-29 所示。

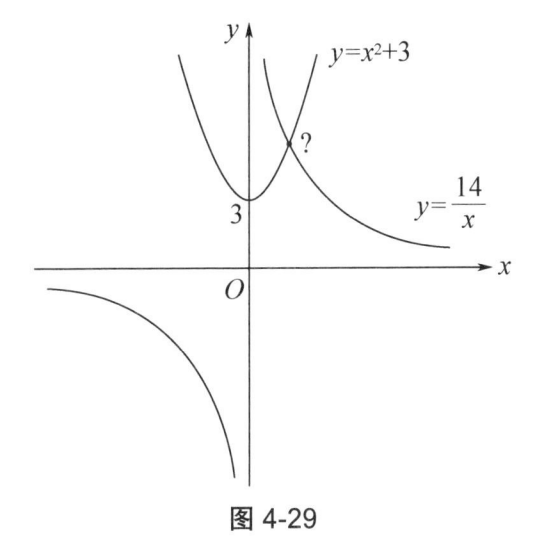

图 4-29

虽然无法直接求解，但我们可以确定，这个方程只有一个实数解，而且这个解还是正的。如果函数图象画得足够精准，再加一点大胆猜测和运气，就可以猜出这个解是 $x=2$。

不等式也是一样，解一元一次不等式 $\frac{1}{2}x+1>0$，相当于求直线 $y=\frac{1}{2}x+1$ 在 $x$ 轴上方的部分，对应图 4-28 中 $x$ 轴上点 $A$ 右侧的部分，即 $x>-2$。解一元二次不等式 $x^2-4x+3<0$，相当于求抛物线 $y=x^2-4x+3$ 在 $x$ 轴下方的部分，对应图 4-28 中 $x$ 轴上 $B$，$C$ 两点之间的部分，即 $1<x<3$。

### 2. 利用方程研究函数图象

如果一个点在两条线上，这代表什么呢？说明这个点的坐标同时满足这两条线分别对应的函数；如果把函数看作方程，那这个点的坐标就是这两个方程的共同解，即方程组的解。于是我们得到了一个好工具，通过代数的定量计算，可以定性分析两条线的位置关系；通过看这两个方程一共有多少个共同解，来判断两条线有几个交点。

例如，两条直线，相当于两个一次函数，联立解二元一次方程组，会有如表 4-5 所示的三种情况。

表 4-5

| 方程组解的情况 | 唯一解 | 无解 | 无数解 |
|---|---|---|---|
| 两直线的位置关系 | 相交 | 平行 | 重合 |

如图 4-30 所示，方程组 $\begin{cases} y=-x+1, \\ y=-x+3 \end{cases}$ 无解，这两条直线的位置关系是平行；方程组 $\begin{cases} y=-3x+3, \\ y=-x+1 \end{cases}$ 有一个解，这两条直线相交于点（1，0）；方程组 $\begin{cases} y=-x+3, \\ y=-3x+3 \end{cases}$ 有一个解，这两条直线相交于点（0，3）。

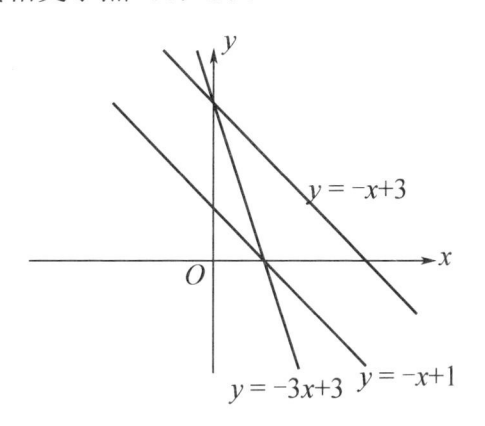

图 4-30

再如，一条直线与一条抛物线，相当于一个一次函数与一个二次函数，联立方程组，也会有如表 4-6 所示的三种情况。

表 4-6

| 方程组解的情况 | 两个不同解 | 两个相同解 | 无解 |
|---|---|---|---|
| 两线的位置关系 | 相交 | 相切 | 相离 |

如图 4-31 所示，方程组 $\begin{cases} y = 2x - 1, \\ y = x^2 \end{cases}$ 有两个相同的解，这两条线的位置关系就是相切，解 $\begin{cases} x = 1, \\ y = 1 \end{cases}$ 对应切点坐标 (1，1)。

在直线与抛物线位置关系的三种情况中，最关键的就是相切的情况，利用平移的视角，你能想象出图 4-31 中的直线（$y = 2x$）怎么一步步从相交下移到相切（$y = 2x - 1$）的吗？

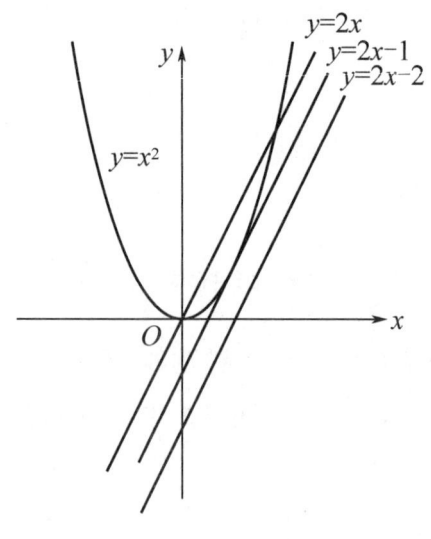

图 4-31

第四章 函数

## 问题31 未知与可变一样吗？

方程里的 $x$ 叫未知数，函数里的 $x$ 叫变量，二者一样吗？

对于未知数，现实中有一个有趣的类比：盲盒。如果我们买了一个盲盒，在打开之前并不知道里面是什么。但是它会变吗？不会。这个盲盒，是个未知数，但不是变量。而我们要买几个盲盒，这个数量就是个变量了，买1个，买2个，还是买47个，看心情，当然还要看钱包。

---

未知：我不知道，未必不确定。

变量：我能决定它，但它能变，不是个确定量。

---

上面是一个生活中的类比，接下来我们考虑一个数学的例子。$y=6x+5$，这是个一次函数，$x$ 是多少，$y$ 是多少，我们不知道，一切皆有可能。$x^2+2-\dfrac{33}{x}=0$ 呢？这是个方程，$x$ 不能随意改变了，一变可能等式就不成立了，只有特殊的 $x$ 才符合要求，我们未必能马上解出这个 $x$，但知道它是一个确定的数。其实利用问题30中的图象法，可以确定它有唯一解。利用问题19中的卡丹法，我们可以求出它的解。

在上面的例子中，第一个等式里有两个字母，是函数；第二个等式里只有一个字母，是方程。常规情况确实如此，但追问一下，一个等式里有两个字母的，就一定是函数吗？也不一定。例如，$\sqrt{x-3}+\sqrt{3-x}+|x^2-y+1|=0$，实际上其中的 $x$，$y$ 都是不可变的，都是确定的数值，只是目前未知，你有办法解出它吗？

**【提示】** 突破口是 $\sqrt{x-3}$ 和 $\sqrt{3-x}$ 要同时有意义。

# 第五章　解析

数无形时少直觉，
形缺数时难入微。

——华罗庚

## 问题 32　为什么要引入数轴?

### 1．排序

当数扩展到实数的时候,正数、负数、分数、小数、根号数等千奇百怪的数纷纷出现,真可谓乱花渐欲迷人眼。出于对秩序感的偏爱,我们尝试将数字排序,并为此而引入了数轴。乱糟糟的一堆数,例如,$-0.24, 3.5, -\frac{3}{2}, \sqrt{2}$,只要排到了数轴上,如图 5-1 所示,从左到右,从小到大,一目了然。

$$-\frac{3}{2} < -0.24 < \sqrt{2} < 3.5$$

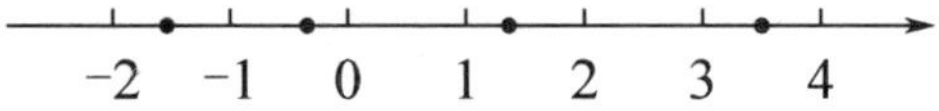

图 5-1

### 2．求距离

数的大小比较,是定性判断。数轴更大的作用是定量分析,最直接的定量分析是求两点间的距离,也就是线段的长度。假设数轴上的两点 $A, B$ 的坐标分别为 $a, b$,则 $AB$ 的距离为 $|a-b|$;如果 $b > a$,那么 $|a-b| = b-a$。

## 3．求等分点

在求线段长度的基础上，还可以求线段的等分点，如中点和 $n$ 等分点。

以 $A$, $B$ 为例，如图 5-2 所示，$A$, $B$ 两点的坐标分别为 $a$, $b(b>a)$，则两点间的距离 $AB=b-a$，中点 $C$ 的坐标为 $c=a+\dfrac{b-a}{2}=\dfrac{a+b}{2}$。注意点 $C$ 的坐标是 $\dfrac{a+b}{2}$，而不是 $\dfrac{b-a}{2}$，是不是有点反直觉？此处提醒我们，需要逐步理解点和线段、坐标和长度的区别。

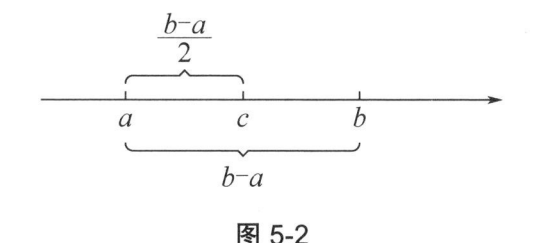

**图 5-2**

同理可求，线段 $AB$ 的 $n$ 等分点中左数第一个点 $D$ 的坐标为 $d=a+\dfrac{b-a}{n}=\dfrac{n-1}{n}\cdot a+\dfrac{1}{n}\cdot b$，其他等分点也可采用相同的方法求得。我们不需要记住这么多公式，但要记住这种方法。

## 4．一道趣题

最后，我们讨论一个有趣的题目，这个题目看似简单，却能引出更高级的方法。

**【例1】** 已知：线段 $AB=12$，问题①：点 $C$ 是线段 $AB$ 上的任意一点，点 $D$ 是线段 $AC$ 的中点，点 $E$ 是线段 $BC$ 的中点，求线段 $DE$ 的长度；问题②：点 $C$ 是线段 $AB$ 延长线上的任意一点，点 $D$ 是线段 $AC$ 的中点，点 $E$ 是线段 $BC$ 的中点，求线段 $DE$ 的长度。

**【析】** 第①题是很容易解的，第②题单纯找线段的数量关系，需要一点技巧，有可能会一时头绪混乱。下面介绍两种方法，都能更清晰地理顺思路。

（1）坐标法。如图 5-3 所示，将线段 $AB$ 所在直线看作一条数轴，以点 $A$ 为 0，点 $B$ 为 12，点 $C$ 为 $c$。由中点坐标公式可知，线段 $AC$ 中点 $D$ 的坐标为 $\frac{c}{2}$，线段 $BC$ 中点 $E$ 的坐标为 $\frac{12+c}{2}$，则线段 $DE = \frac{12+c}{2} - \frac{c}{2} = 6$。这一方法对于问题①，②都适用，而且基本是顺着已知条件自动出结论，不用刻意去寻找关系。

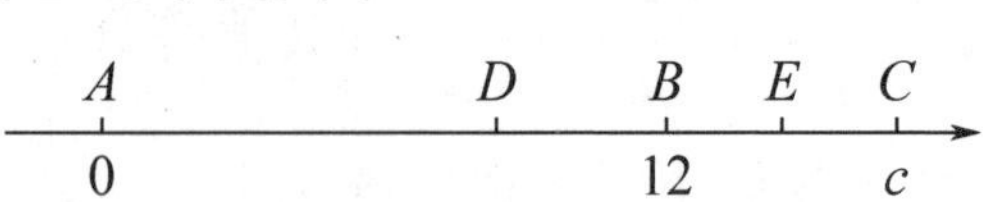

图 5-3

（2）升维法。从一维的直线升维到二维的平面，如图 5-4 所示，令点 $C$ 为平面上任一点，此时易发现线段

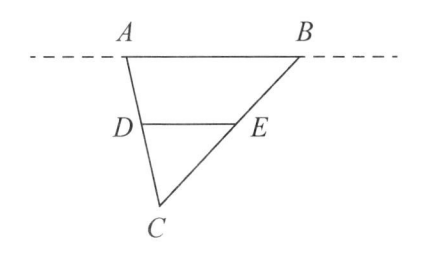

$DE$ 是 $\triangle ABC$ 的中位线,所以 $DE = \dfrac{1}{2}AB = 6$,当点 $C$ 在直线 $AB$ 上时结论仍成立。这一方法把问题①,②统一成了一个问题,对两个问题也都适用。

图 5-4

将一维直线上的问题,放到二维平面中来考查,用二维的视角来解决一维问题,这就是传说中的"降维打击"。维度越高,视角越开阔,能解决的问题也越多,我们将在问题 46 中讨论另一个经典的升维法案例。

## 问题33 怎样以形观数?

伴随着代数的逐步抽象化,函数等复杂问题变得越来越晦涩难懂,有什么办法能使其重新变得直观易懂呢?

在蜘蛛网的启发下,笛卡儿引入了平面直角坐标系,创建了解析几何学,将数形结合的方法标准化、系统化,彻底连接起代数与几何。平面直角坐标系的关键是建立起了几何的点与代数的有序数对(坐标)之间的联系,通过点可构造线、形乃至体,通过数对可构造函数,而点与数对之间的桥梁,就将数与形两大领域连成了一个统一体。

本节我们研究在平面直角坐标系上进行数形转化的基本功——点与坐标的相互转换。

### 1. 知道了点的位置,怎么找坐标?

如图5-5所示,知道一点$A$在平面直角坐标系中的位置,可以从点$A$发射两条射线,一条水平,一条竖直,落到$x$轴上对应的点就是点$A$的横坐标,落到$y$轴上对应的点就是点$A$的纵坐标,我们称点$A$的坐标为$(a, b)$。

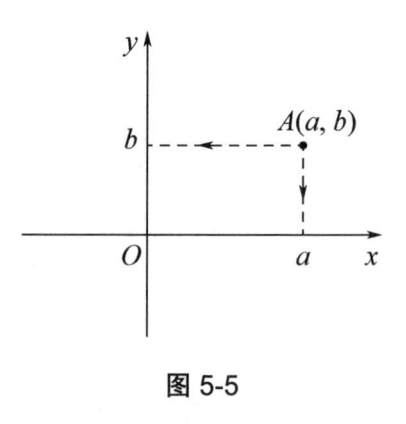

图5-5

第五章 解析

特别的,如果平面上一点 $C$ 的位置在线段的中点,线段的两个端点的坐标为 $A(x_1, y_1)$, $B(x_2, y_2)$,怎么找点 $C$ 的坐标呢?如图 5-6 所示,参照数轴的中点坐标公式,可得中点 $C$ 的坐标为 $\left(\dfrac{x_1+x_2}{2}, \dfrac{y_1+y_2}{2}\right)$。

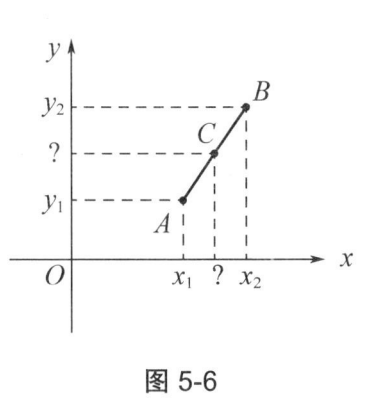

图 5-6

利用相同的转化思路,参照数轴上的线段 $n$ 等分点坐标公式,你能推导出线段 $AB$ 的 $n$ 等分点的坐标公式吗?

## 2. 知道了坐标,怎么找点的位置?

如果已知点 $A$ 坐标为 $(5,-3)$,怎么确定其在平面直角坐标系中的位置呢?如图 5-7 所示,从点 $O$ 出发,先沿着水平方向向右走 5 个单位长度,再沿着竖直方向向下走 3 个单位长度,即可找到点 $A$ 的位置。

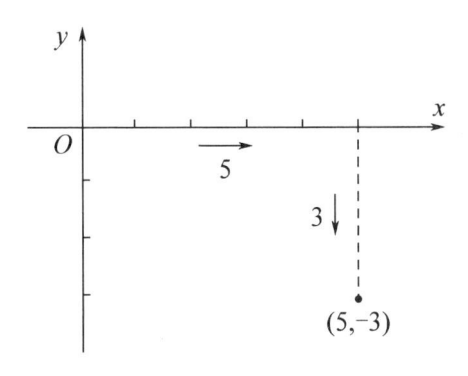

图 5-7

当一个点的横、纵坐标都知道的时候，很容易找到其在平面直角坐标系上对应的点，如果只知道一部分坐标，怎么找点呢？如果只知道横坐标或纵坐标，怎么找点呢？例如，$(3, y)$是什么样的点？

如图 5-8 所示，坐标$(3, y)$代表一系列点，所有这些点连起来就是一次函数$x = 3$对应的直线。

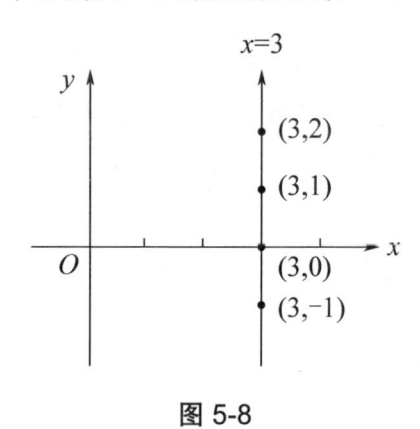

图 5-8

如果只知道横、纵坐标之间的关系，怎么找点呢？例如，$(a, 2a)$是什么样的点？

如图 5-9 所示，坐标$(a, 2a)$也代表一系列点，所有这些点连起来就是一次函数$y = 2x$对应的直线。

满足下面这些等式的坐标$(x, y)$，分别是什么样的点呢？

（1）$|x| = |y|$；

（2）$|x|+x=|y|+y$；

（3）$[x]=[y]$[②]；

（4）$x-[x]=y-[y]$。

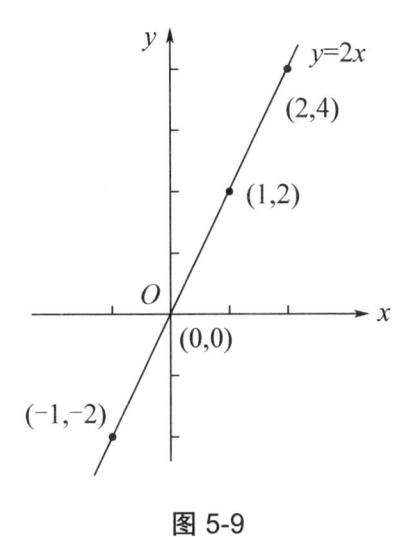

图 5-9

---

注②：$[x]$表示 $x$ 的整数部分。例如，[2.4]=2，[2]=2，[-2.4]=-3。

## 问题 34　位置变换可量化吗？

通过平面直角坐标系在数与形之间建立起连接，很多原本变幻莫测的几何问题一下子变得可测度、可量化，为后续分析带来了极大的便利。接下来，我们就来定量分析平面直角坐标系中的点和直线的常见位置变换，寻找其中的规律。

### 1. 点的变换

平面上点的平移、旋转、轴对称等位置变换，都可对应于平面直角坐标系的坐标变换来进行定量分析。

（1）平移：点在任意方向上的平移，都可以拆解为水平、竖直两个方向的平移，对应分析点的横、纵坐标的变化即可。

（2）旋转：在三角函数成为"常规武器"前，目前阶段主要研究点的 90° 旋转的情形，如图 5-10 所示，点 $P(a,b)$ 绕原点逆时针旋转 90° 可得点 $P'$。通过证明 △$PAO$≌△$OBP$(AAS)，即可求得点 $P'$ 的坐标 $(-b,a)$。

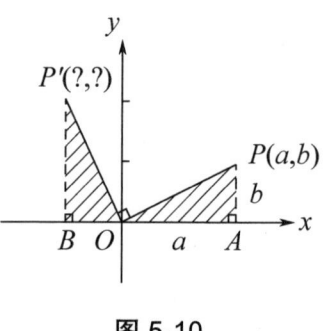

图 5-10

（3）轴对称：点关于 $x$ 轴、$y$ 轴、直线 $y=\pm x$ 对称等特殊情形都比较直观，其中，点 $P$ 关于直线 $y=\pm x$ 的对称点分别为点 $P'$，$P''$，如图 5-11 所示，你能求出这两点的坐标吗？

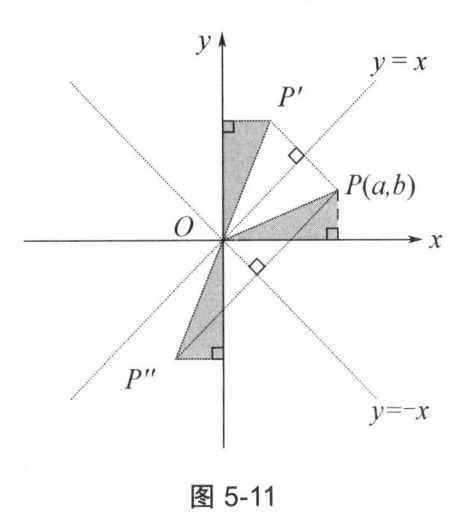

图 5-11

## 2．直线的变换

直线比点复杂，本着化繁为简的原则，分析直线位置变换的核心思想是"以点定线"，具体有以下两种分析方法。

（1）两点定线：先将原直线上的两个点分别变换为两个新点，再用这两个新点确定变换后的直线。

（2）求同存异：先找到直线变换前后的不变量，再找到一个变换后的新点，即可确定新直线。在变化中寻找不变量，往往是解决问题的关键。在平移和旋转这两种最常用的直线变换中，都有一个关键的不变量或对应量。

**命题 1**：平移前后的两直线平行，设两直线斜率分别为 $k_1$，$k_2$，则 $k_1 = k_2$。直线平行与斜率的关系，在问题 25 中已做分析。

**命题 2**：旋转 90°前后的两直线垂直，设两直线斜率分别为 $k_1$，$k_2$，则 $k_1 \cdot k_2 = -1$；逆命题也成立，如图 5-12 所示。

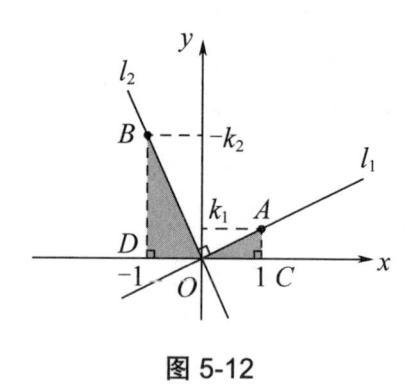

图 5-12

**【证】** 两条直线斜率的关系，与直线的位置无关，为了简化考虑，让两条直线都过 $O$ 点，设 $l_1$: $y = k_1 x$，$l_2$: $y = k_2 x$。如图 5-12 所示，取 $l_1$ 上一点 $A(1, k_1)$，$l_2$ 上一点 $B(-1, -k_2)$，利用 $l_1 \perp l_2$，可证 $\triangle OAC \sim \triangle BOD$(AA)，因此 $\dfrac{k_1}{1} = \dfrac{1}{-k_2}$，即 $k_1 \cdot k_2 = -1$。

利用命题 2，结合代数方法可以证明一个经典的几何定理：菱形的对角线互相垂直。

**【例 1】** 如图 5-13 所示，已知 $OABC$ 为平行四边形，且 $OA = OC$，求证：$OB \perp AC$。

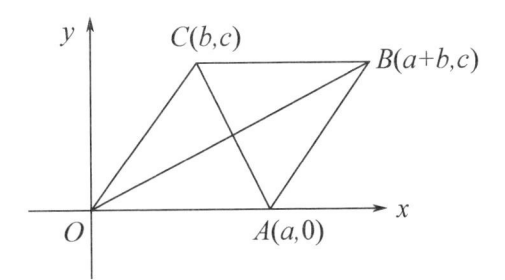

图 5-13

【析】设点 $A$,$C$ 的坐标分别为 $(a, 0)$,$(b, c)$,则点 $B$ 的坐标为 $(a+b, c)$,易得 $k_{OB}=\dfrac{c}{a+b}$,$k_{AC}=\dfrac{c}{b-a}$。

因为 $OA=OC$,由两点间距离公式得 $a^2=b^2+c^2$,所以 $k_{OB}\cdot k_{AC}=\dfrac{c}{a+b}\cdot\dfrac{c}{b-a}=-1$,由命题 2 可得,$OB\perp AC$。

利用命题 2,还可找到直线外一点关于直线的对称点的坐标。

【例2】给定直线 $l_1$:$y=\dfrac{1}{2}x+1$ 外一点 $P(2, 1)$,求点 $P$ 关于 $l_1$ 的对称点 $P'$ 的坐标。

【析】首先,利用命题 2 可求出过点 $P(2,1)$ 且与 $l_1$ 垂直的直线 $l_2$:$y=-2(x-2)+1=-2x+5$。

然后,把 $l_1$ 和 $l_2$ 对应的两个函数式联立为二元一次方程组,求解可得 $l_1$ 和 $l_2$ 的交点 $Q\left(\dfrac{8}{5}, \dfrac{9}{5}\right)$。

最后，点 $Q$ 是点 $P$ 和 $P'$ 的中点，如图 5-14 所示，三者知其二，由中点坐标公式可求得点 $P'\left(\dfrac{6}{5}, \dfrac{13}{5}\right)$。

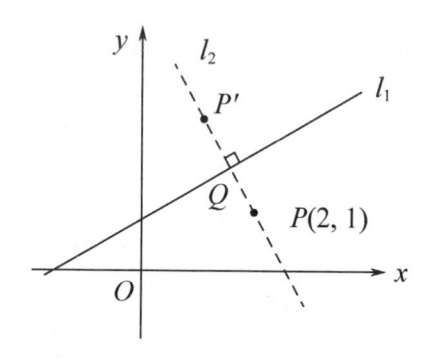

图 5-14

例 2 综合了垂直、交点、中点等知识点的考查，对于掌握解析工具很有帮助，有兴趣的读者，可以自己设一个点和一条直线来实际操作一下。

将命题 1 和命题 2 结合起来考查，一条直线平移前后所得的两条直线是一对平行线，怎么求得这两条平行线间的距离呢？

【例3】沿用例 2 的条件，过点 $P$ 作直线 $l_3 // l_1$，求直线 $l_1$ 与 $l_3$ 的距离。

【析】平行线间的距离等于其中一条直线上任一点到另一直线的距离，原问题可转化为求点 $P$ 到直线 $l_1$ 的距离，即 $PQ$ 的长度，利用两点间距离公式，可得 $PQ = \dfrac{2}{5}\sqrt{5}$。

# 第五章 解析

## 问题 35 怎么在变换中抓住不变性？

在变化中寻找不变量，往往是解决问题的关键。本节我们专门讨论一次函数（直线）和二次函数（抛物线）在变换中的两种常见的不变特性。

### 1. 过定点

对于直线 $y=m(x-2)+4$，虽然不确定它的倾斜角度，但它一定过（2，4）点，这是为什么呢？所谓过定点，就是说，无论 $m$ 怎么变，直线一定过一个点。什么情况下，$m$ 的变化不影响直线过一个定点呢？当 $m$ 的"系数"为 0 时，即 $x-2=0$ 时。此时 $x=2$，$y=4$，转换成坐标就是（2，4），这就是这条直线始终经过的定点。随着 $m$ 的变化，直线 $y=m(x-2)+4$ 可以不断旋转，向各个角度倾斜，但它不是在随意旋转，而是绕着（2，4）点来旋转，这是它变化中的不变性。

同样的道理，抛物线也可能过定点。例如，函数 $y=x^2+(m+1)x+2m-1$ 的图象会过哪个定点呢？先将函数中的 $m$ 集中起来，变形为 $y=(x+2)m+x^2+x-1$。要想让 $m$ "失效"，须令 $x+2=0$，此时 $x=-2$，$y=1$，转换成坐标为（-2，1），这个点就是这条抛物线始终经过的定点。随着 $m$ 的变化，这条抛物线可以平移到不同的位置，但它不是随意平移的，而是永远经过定点$(-2, 1)$，这是它变化中的不变特性。

过定点这一不变特性，有时候很隐蔽，却往往是破题的关键。

**【例 1】** 在平面直角坐标系上，当 $x \geqslant -2$ 时，对于 $x$ 的每一个值，函数 $y = mx(m \neq 0)$ 的值大于函数 $y = \frac{1}{2}x - 1$ 的值，直接写出 $m$ 的取值范围。

**【析】** 如图 5-15 所示，此题的关键就是认识到 $y = mx$ 过定点 $O$，随着 $m$ 的改变，直线绕着 $O$ 点旋转，可找到符合要求的直线系列，对应 $m$ 的取值范围为 $\frac{1}{2} \leqslant m < 1$。

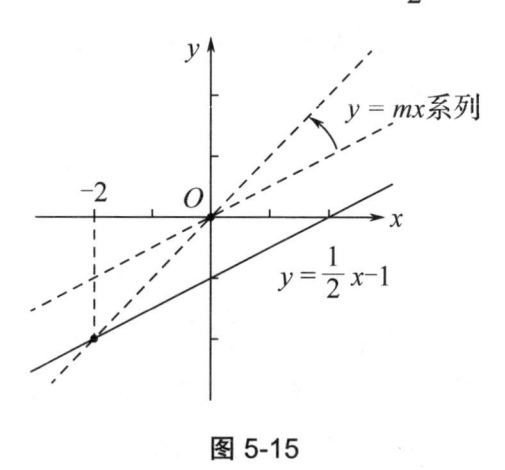

图 5-15

过定点的函数还有其他形式，我们要善于逐步总结、积累这些形式，例如：

（1）二次函数 $y=a(x-1)(x-3)$，抛物线的开口大小及方向随着 $a$ 的变化而变化，但其始终过（1，0），（3，0）两个定点，对称轴是确定的直线 $x=2$。

（2）二次函数 $y=ax^2+2ax+2$，抛物线的开口大小及方向随着 $a$ 的变化而变化，但其始终过（0，2），（-2，2）两个定点，对称轴是确定的直线 $x=-1$。

还有一些类似的不变特性，虽然图象本身不过定点，但图象上的一个关键点在变换过程中始终过一条定直线，这种"半确定"，也能帮助我们更好地理解问题。例如，二次函数 $y=a(x-m)^2+m+2$，其顶点 $(m，m+2)$ 虽然不能完全确定位置，但一定在直线 $y=x+2$ 上，即随着 $m$ 的变化，抛物线顶点沿着确定的直线 $y=x+2$ 在平移，对应带动整条抛物线平移。

## 2．形状不变

对于图形问题，主要是讨论图形的位置和形状。定点问题主要是研究位置问题，接下来我们讨论形状不变问题。

对于直线 $y=kx+b$ 来说，可把斜率看作形状，直线的形状完全取决于 $k$；对于抛物线 $y=ax^2+bx+c$ 来说，可把开口大小和方向看作形状，其形状完全取决于 $a$；无论直线还是抛物线，其形状完全取决于变量 $x$ 最高次项的系数。

在平移时图象形状保持不变，则 $x$ 最高次项的系数保持不变，抓住这点，就抓住了平移中的关键不变量。例如，将直线 $y=2x$ 向下平移 3 个单位，保持斜率不变，可得新直线 $y=2x-3$；将抛物线 $y=ax^2$ 向右平移 $k$ 个单位，向下平移 $h$ 个单位，可得新抛物线 $y=a(x-k)^2-h$，平移过程中 $a$ 保持不变，如图 5-16 所示。

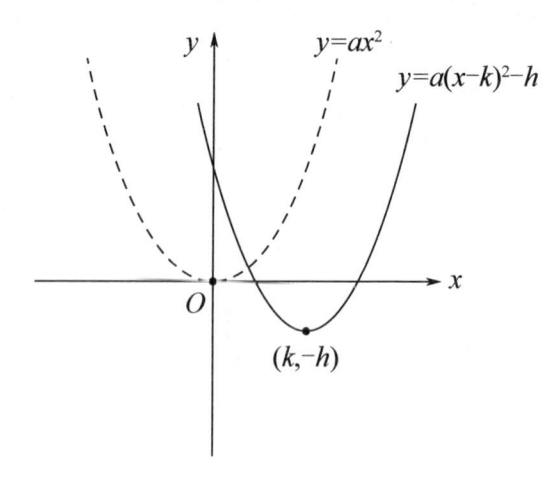

图 5-16

第五章　解析

## 问题 36　外星人能看得懂我们的数学吗？

1977 年，"旅行者"号飞船离开太阳系，去寻找外星文明，为了展示地球的文明程度，飞船中特意携带了如图 5-17 所示的黄金图板。

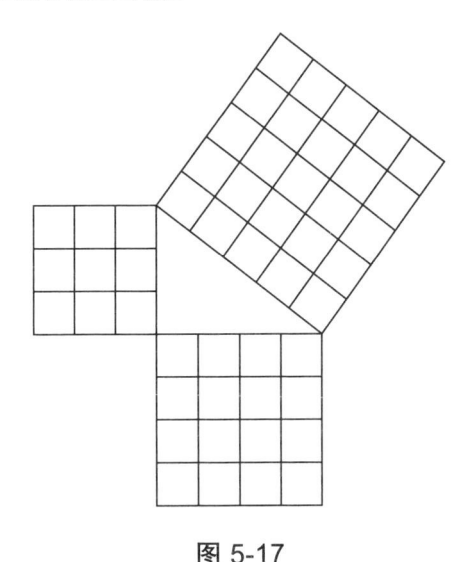

**图 5-17**

图板中没有任何抽象的符号和式子，直观的图形中却蕴含着外星人最可能看懂的地球人的智慧之一，它就是大名鼎鼎的勾股定理（毕达哥拉斯定理）：

如果直角三角形的两条直角边长分别为 $a$，$b$，斜边长为 $c$，那么 $a^2+b^2=c^2$。

本节我们一起仔细研究下这个伟大的定理。

## 1. 距离公式

如图 5-18 所示，勾股定理是历史上第一个把数与形联系起来的定理，解析几何建立后，基于勾股定理推导出了最基础的公式之一——两点距离公式。平面直角坐标系上任意两点 $A(x_1,y_1)$，$B(x_2,y_2)$ 的距离公式为：

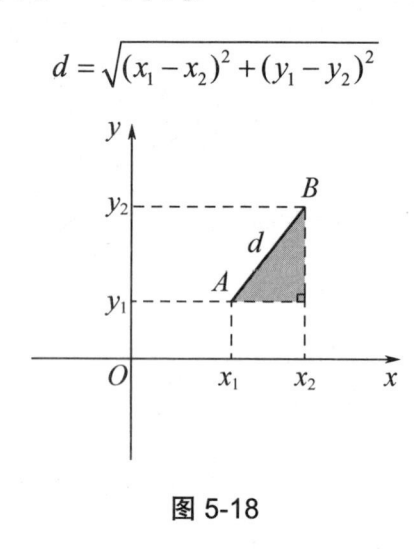

$$d = \sqrt{(x_1-x_2)^2 + (y_1-y_2)^2}$$

图 5-18

## 2. 弦图法

古今中外，很多人都给出过勾股定理的证明，包括毕达哥拉斯、美国总统加菲尔德等人，其中最精彩的证法是中国汉末数学家赵爽的弦图法。

如图 5-19 所示，在弦图法中，既可利用最外侧的大正

方形面积建立等式 $(a+b)^2 = c^2 + 4 \cdot \left(\dfrac{ab}{2}\right)$，也可利用最内侧的小正方形面积建立等式 $(b-a)^2 = c^2 - 4 \cdot \left(\dfrac{ab}{2}\right)$，两个等式都可化简得到 $a^2 + b^2 = c^2$。勾股定理证明背后，是完全平方公式在发挥作用，它也是配方法解一元二次方程的关键。

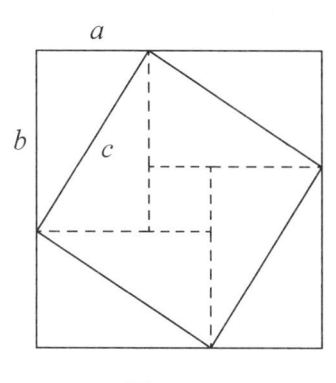

图 5-19

弦图法不仅可证明勾股定理，在很多题目中也有其妙用。

【例 1】如图 5-20 所示，已知：在等腰 Rt△ABC 中，$AB = AC$，取 $AC$ 中点 $D$，连接 $BD$，作 $AF \perp BD$，分别交 $BD$ 于点 $E$，交 $BC$ 于点 $F$，求证：$\angle ADB = \angle CDF$。

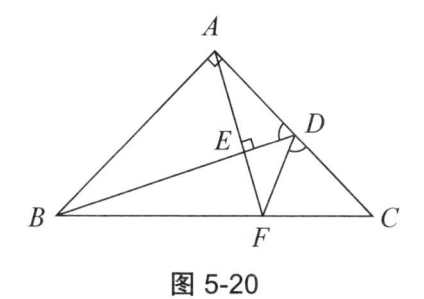

图 5-20

【析】直接证明的思路不好找，可添加辅助线构造弦图。如图 5-21 所示，过点 $B$ 作 $AB$ 的垂线，过点 $C$ 作 $AC$ 的垂线，两线交于点 $H$，延长 $AF$ 与 $CH$ 交于点 $G$。

此时，如果能联想到弦图，就会发现 $\angle CGF$ 是 $\angle ADB$ 与 $\angle CDF$ 之间的桥梁；先证 $\triangle ABD \cong \triangle CAG$（ASA），再证 $\triangle CDF \cong \triangle CGF$（SAS），即可得 $\angle ADB = \angle CGF = \angle CDF$。

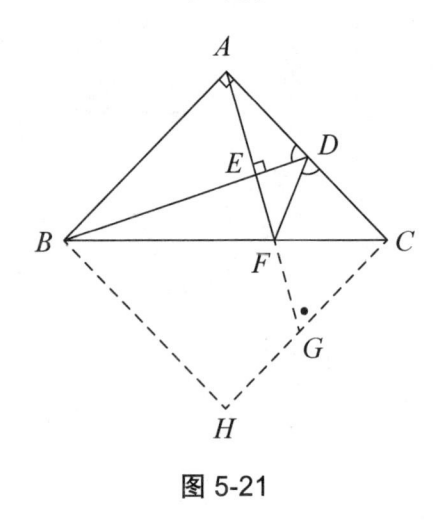

图 5-21

弦图法这一思考方式"重意不重形"，其应用范围并不局限于直角图形中，比如下面一例。

【例 2】如图 5-22 所示，在 Rt$\triangle ABC$ 中，$\angle BAC = 30°$，点 $D$ 为 $BC$ 上一动点，点 $E$ 为 $AC$ 上一动点，$CE = CD$，点 $D$，$F$ 关于点 $B$ 对称，点 $P$ 为 $AD$ 的中点，请找出 $PF$ 与 $PE$ 的位置关系和数量关系，并证明。

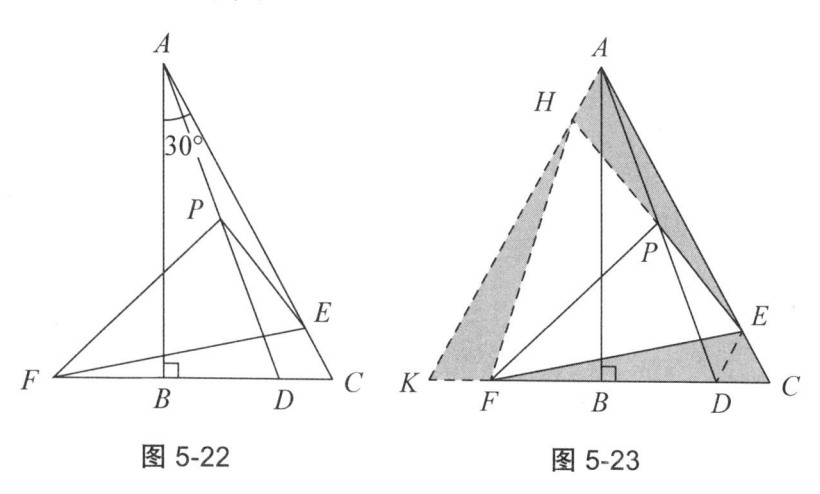

【析】如图 5-23 所示，将 EP 延长至点 H，使得 HP = PE，则可构造△APH≌△DPE（SAS）；延长 AH，CF，两条延长线交于点 K，由 HAP=∠EDP 可知 AH∥ED，则∠HAE=∠DEC=60°，可证△AKC∽△EDC（AA），则△AKC 为正三角形。

图 5-22　　图 5-23

与弦图法类似，可证△CEF≌△AHE≌△KFH（SAS），所以 EF = HE = FH，则△EFH 为正三角形，PF 作为正三角形的中线，可得 $PF \perp PE$ 且 $PF = \sqrt{3}PE$。

## 3. 毕达哥拉斯三元数组

满足 $a^2 + b^2 = c^2$ 要求的正整数数组，称为毕达哥拉斯三元数组。最常用的两个三元数组是（3，4，5）和（5，12，13），我们经常用这两组数作为边长来构造直角三角形。怎么找到 $a^2 + b^2 = c^2$ 的全部正整数数组解呢？可用弦-切线法。

$a^2+b^2=c^2$ 可变形为 $\left(\dfrac{a}{c}\right)^2+\left(\dfrac{b}{c}\right)^2=1$，既然 $a$，$b$，$c$ 为正整数，则 $\dfrac{a}{c}$，$\dfrac{b}{c}$ 需为有理数；问题转化为求 $x^2+y^2=1$ 的有理数解。在平面直角坐标系上，$x^2+y^2=1$ 是一个圆，问题转化为从圆上挑出横、纵坐标都为有理数的"有理点"。

如图 5-24 所示，从点 $P(-1, 0)$ 出发作一条直线 $y=k(x+1)$，与圆交于另一点 $Q$，联立两个方程：

$$\begin{cases} x^2+y^2=1 \\ y=k(x+1) \end{cases}$$

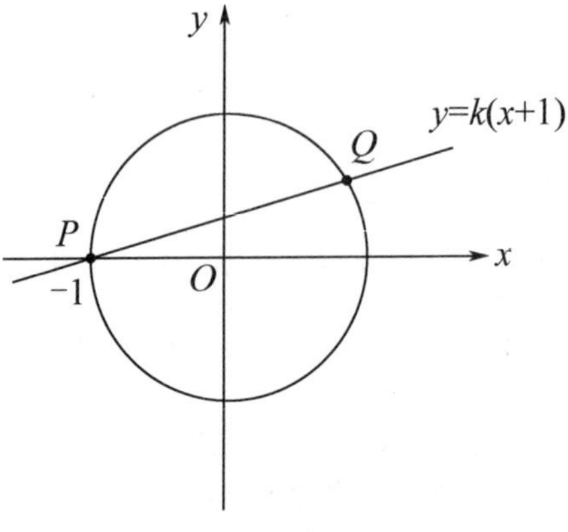

图 5-24

所求得的两组解，一组可看作点 $P$ 的坐标 $(-1, 0)$，另一组可看作点 $Q$ 的坐标 $\left(\dfrac{1-k^2}{1+k^2}, \dfrac{2k}{1+k^2}\right)$。

只要 $k$ 为有理数，则点 $Q$ 必为有理点。

只要 $k$ 为无理数，则点 $Q$ 必非有理点，因为此时 $x$，$y$ 不能同时为有理数。如果 $x$ 为有理数 $(x \neq -1)$，则 $x+1$ 也为有理数，$y = k(x+1)$ 必为无理数；同理，如果 $y$ 为有理数 $(y \neq 0)$，$x$ 必为无理数。

因此，当 $k$ 取遍全部有理数时，点 $Q$ 取遍全部有理点。既然点 $Q$ 坐标的一般形式为 $\left(\dfrac{1-k^2}{1+k^2}, \dfrac{2k}{1+k^2}\right)$，那么可令 $\dfrac{a}{c} = \dfrac{1-k^2}{1+k^2}$，$\dfrac{b}{c} = \dfrac{2k}{1+k^2}$；

既然 $k$ 为有理数，可令 $k = \dfrac{q}{p}$（其中 $p$，$q$ 为正整数），则 $\dfrac{a}{c} = \dfrac{p^2-q^2}{p^2+q^2}$，$\dfrac{b}{c} = \dfrac{2pq}{p^2+q^2}$；

令 $a = p^2 - q^2$，$b = 2pq$，$c = p^2 + q^2$，得到三元数组的一般形式（$p^2 - q^2$，$2pq$，$p^2 + q^2$）。

满足 $a^2 + b^2 = c^2$ 要求的正整数数组是毕达哥拉斯三元数组，将方程的形式一般化，能否求出满足 $a^n + b^n = c^n$（$n$ 为任意正整数）的正整数数组呢？结论是不能，对于正整数 $n \geq 3$，$a^n + b^n = c^n$ 没有正整数数组解，这就是费马大定理。它的证明超出了本书范畴，有兴趣的读者可以阅读英国科普作家辛格撰写的《费马大定理》。

## 问题 37 普通三角形可解吗？

研究函数变量间的关系，最直观也是最重要的数值之一是斜率，而将代数的斜率与几何的夹角连接起来的工具是三角函数中的正切函数。为求直观，初中只在直角三角形中研究锐角三角函数，最常用的知识点有三个。

（1）正切与直线斜率对应，$k = \tan\alpha$，如图 5-25 所示；

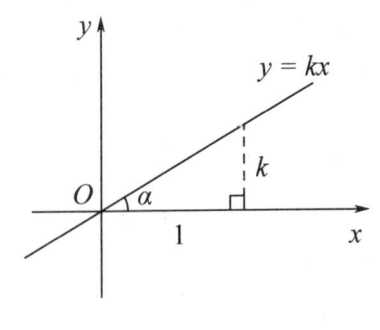

图 5-25

（2）三角函数版勾股定理，$\sin^2\alpha + \cos^2\alpha = 1$；

（3）正切与弦的转换，$\tan\alpha = \dfrac{\sin\alpha}{\cos\alpha}$。

三角函数不仅可用于分析直角三角形，还可定量分析普通三角形的边角关系。我们利用直观的图形来分别推导正弦定理和余弦定理，并利用它们来通解普通三角形。

## 1. 正弦定理

如图 5-26 所示,我们在圆上证明正弦定理。

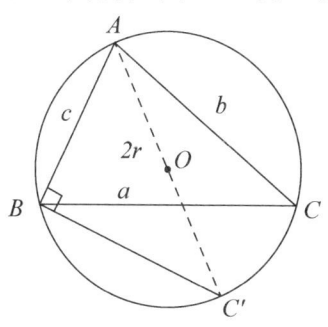

**图 5-26**

$\sin C = \sin C' = \dfrac{AB}{AC'} = \dfrac{c}{2r}$,变形为 $\dfrac{c}{\sin C} = 2r$;同理可证 $\dfrac{a}{\sin A} = \dfrac{b}{\sin B} = 2r$;综上可得正弦定理:

$$\dfrac{a}{\sin A} = \dfrac{b}{\sin B} = \dfrac{c}{\sin C} = 2r$$

从面积视角来看正弦定理,如图 5-27 所示,$S = \dfrac{1}{2} \cdot BC \cdot AD = \dfrac{1}{2} \cdot BC \cdot (AC \cdot \sin C) = \dfrac{1}{2} ab \sin C$。

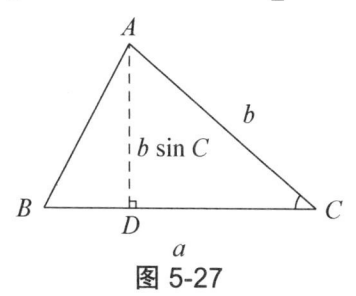

**图 5-27**

## 2. 余弦定理

如图 5-28 所示,在 Rt△ABD 中,由勾股定理得,$c^2 = (b\sin C)^2 + (a - b\cos C)^2$,化简即可得到余弦定理:

$$c^2 = a^2 + b^2 - 2ab\cos C$$

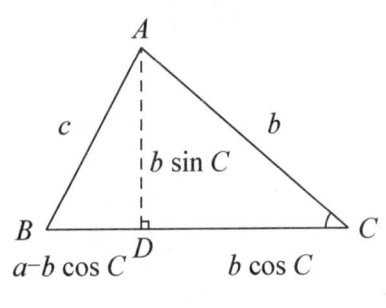

图 5-28

## 3. 解三角形

我们在判定三角形全等时,"锁定"三角形是在定性层面,有了正弦定理和余弦定理,就可以升级到定量层面,知道了判定的条件,就可以把三角形的三边、三角都求出来,如表 5-1 所示。

表 5-1

| 分类 | 全等判定 | 定量计算 |
| --- | --- | --- |
| 3 边 | SSS(边边边) | 先用余弦定理求出一个角,再用正弦定理求出另两个角 |
| 2 边 | SAS(边角边) | 先用余弦定理求出第三条边,再用正弦定理求出另两个角 |
| 2 边 | HL(斜直边) | 先用勾股定理求出第三条边,再用正弦定理求出另两个角 |
| 1 边 | ASA(角边角) | 先用内角和 180°求出第三个角,再用正弦定理求出另两条边 |
| 1 边 | AAS(角角边) | 先用内角和 180°求出第三个角,再用正弦定理求出另两条边 |

# 第五章 解析

## 问题 38 四维图形长什么样?

一条一维的数轴,再加一条与它垂直的数轴,就建立了平面直角坐标系,简称二维坐标系,如果再加一条数轴,垂直于原有的两条数轴,那就建立了三维直角坐标系。仿照平面直角坐标系,在三维直角坐标系 $Oxyz$ 中,过三维直角坐标系中任一点 $M$ 分别作垂直于 $x$ 轴、$y$ 轴、$z$ 轴的平面,这三个平面与 $x$ 轴、$y$ 轴、$z$ 轴依次相交于点 $P$,$Q$,$R$,这三点在 $x$ 轴、$y$ 轴、$z$ 轴的坐标分别为 $x$,$y$,$z$,那么点 $M$ 的坐标为 $(x, y, z)$。假如再加一条数轴,垂直于上述三条数轴,就可以建立四维坐标系,其中的点的坐标可用 $(x, y, z, t)$ 来表示。

最简单的二维图形是正方形,最简单的三维图形是立方体,类似这两个图形的结构,最简单的四维图形是四维方体,它有什么特点呢?

### 1. 点

维数越多,越难想象,所以我们尽量从更直观的一维、二维、三维图形中寻找规律。一维的线段有 2 个端点,二维的正方形有 4 个顶点,三维的立方体有 8 个顶点,四维方体有多少个顶点呢?

先用坐标的方法来找规律,如图 5-29 所示,每升一维,低维图形中的一个顶点就变为高维图形中的两个顶点。四维方体中,($x, y, z, t$)中 $x, y, z$ 都已确定,由立方体中各顶点而来,而 $t$ 分别取值 0 或 1,例如,三维中的一个点 $(0, 0, 0)$ 扩展为四维中的 $(0, 0, 0, 0)$ 和 $(0, 0, 0, 1)$ 两个点,因此四维方体的顶点数量是立方体的顶点数量的两倍,即 16 个。

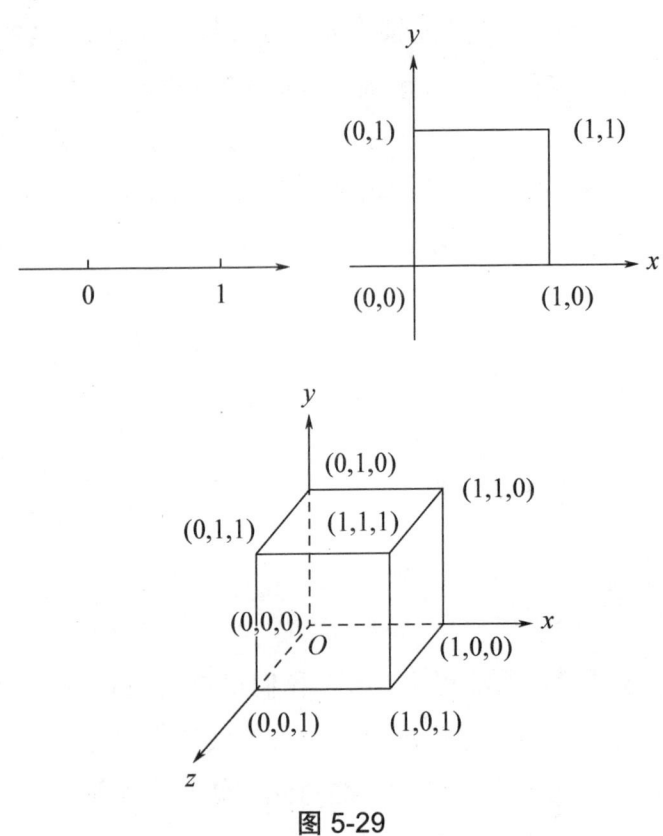

图 5-29

注:假设各个图形的棱长都是 1 个单位长度。

再用图形移动法来找规律。从线段到正方形，可看作将线段沿与其垂直的方向平移 1 个单位长度所形成的轨迹；从正方形到立方体，可看作将正方形沿与其垂直的方向平移 1 个单位长度所形成的轨迹；利用这个规律，将立方体沿与其垂直的方向平移 1 个单位长度所形成的轨迹，就是四维方体。在立方体原有的 8 个顶点的基础上，平移到新位置后又复制出 8 个顶点，正好是 16 个顶点。我们可以把原有的 8 个顶点看作 $(x, y, z, 0)$，复制后的 8 个顶点看作 $(x, y, z, 1)$，这一方法与坐标的方法形成了统一。

## 2．棱、面、体

四维方体的棱的数量，还可以通过直观的图形移动法来考查。四维方体有 16 个顶点，每个顶点引申出 4 条棱（立方体原来的 3 条棱，以及平移轨迹 1 条棱），每条棱两端各有一个顶点，因此总棱数为 $16 \times 4 \div 2 = 32$（条）。

然而，要数清四维方体中面和体的数量，用图形移动法就不容易实现，反而使用坐标的方法更有效，我们用坐标的方法来数一遍四维方体中棱、面、体的数量。

正方形上，连接点 $(0, 0)$ 与点 $(1, 0)$ 的棱，是 $x$ 轴上的一条线段，这条棱上所有的点，纵坐标都是 0，而横坐标是从 0 到 1 变化的，这条棱可用 $(x, 0)$（其中 $0 \leq x \leq 1$）来表示。从正方形到立方体，这条棱还在 $x$ 轴上，它连接的两点变为点（0，0，0）与点（1，0，0），参照二维表示法，这条棱可用（$x$, 0, 0）（其中$0 \leq x \leq 1$）来表示。以此类推，从立方体到四维方体，这条棱还在$x$轴上，它连接的两点变为点（0，0，0，0）与点（1，0，0，0），这条棱可用（$x$, 0, 0, 0）（其中$0 \leq x \leq 1$）来表示。

从上述分析可发现，一维的棱可以看作只有一个坐标变化而其他坐标不变的点所连成的轨迹。相同的思考法也可用于面和体，二维的面可以看作两个坐标变化而其他坐标不变的点所连成的轨迹，三维的立方体可以看作三个坐标变化而其他坐标不变的点所连成的轨迹。

基于这个认识，我们先来数四维方体的棱的条数。从（$x$, $y$, $z$, $t$）里挑1个变化的坐标，有4种挑法；挑出1个坐标后，其余3个不变的坐标分别可取0或1两种情况，共有$2 \times 2 \times 2 = 8$（种）情况，例如，挑中$x$后，8种情况分别为（$x$, 0, 0, 0），（$x$, 0, 0, 1），（$x$, 0, 1, 0），（$x$, 0, 1, 1），（$x$, 1, 0, 0），（$x$, 1, 0, 1），（$x$, 1, 1, 0），（$x$, 1, 1, 1）；4种挑法×8种情况=32（种）情况，对应32条棱。用坐标法与图形移动法，数出来的四维方体中棱的数量是相同的。

接下来，我们来数四维方体的面的个数。从（$x$, $y$, $z$, $t$）里挑2个变化的坐标，共有6种挑法；挑出2个坐标后，其余2个不变的坐标分别可取0或1两种情况，共有$2 \times 2 = 4$（种）情况，例如，挑中$x$, $y$后，4种情况分别为$(x, y, 0, 0)$，$(x, y, 0, 1)$，$(x, y, 1, 0)$，$(x, y, 1, 1)$；6种挑法×4种情况=24（种）情况，对应24个面。

最后来数四维方体中包含的立方体的个数。从$(x, y, z, t)$里挑3个变化的坐标，有4种挑法；挑出3个坐标后，剩余1个不变的坐标分别可取0或1两种情况，共有2种情况，例如，挑中$x, y, z$后，2种情况分别为$(x, y, z, 0)$，$(x, y, z, 1)$；4种挑法×2种情况=8（种）情况，对应8个三维体。

综上分析，从一维到四维各种"方体/形"的点、棱、面、体总数量如表5-2所示。

表 5-2

|      | 线段 | 正方形 | 立方体 | 四维方体 |
| --- | --- | --- | --- | --- |
| 点/个 | 2 | 4 | 8 | 16 |
| 棱/条 | 1 | 4 | 12 | 32 |
| 面/个 | - | 1 | 6 | 24 |
| 体/个 | - | - | 1 | 8 |

寻找四维方体的点、棱、面、体的数量问题被简化为一个简单的排列组合问题，讨论五维、六维等更高维方体，完全可以采用相同的方法。一个方法的适用范围越大，其价值越高。

虽然我们画不出四维图形的准确样子，但通过想象、推理，我们能猜到大概的样子。数学暂时不能证明高维的现实世界是否存在，但是用高维的方法来处理数据，却是实实在在有用的。在二维坐标系中，我们只能讨论 $x$，$y$ 两个变量；在三维坐标系中，我们可以讨论 $x$，$y$，$z$ 三个变量；通过升维，就可以讨论多个变量之间的相关性问题了。

# 第五章 解析

## 问题39 数学也讲同理心吗？

在确定位置时，我们的视角是不断调整和升级的。

第一阶段：用"上下、左右、前后"确定位置。例如，"往左200 m"，这是从"我"的视角来看的。这种确定位置的方法很容易让人迷惑，因为朝向一变，左右立马就跟着变了。

第二阶段：用"东南西北"确定位置。例如，给人指路，"向东1000 m就到了"，这是从"我们"的视角来看的。这背后隐含着一个前提，我们互相知道出发点在哪。在很多公园的导览地图中，直接标上东南西北的方向，再用一个"您所在的位置"给游客指路，如图5-30所示。

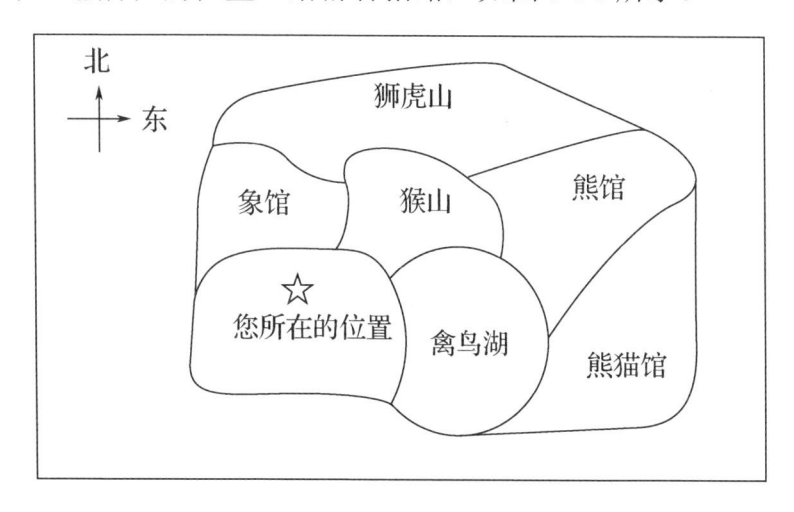

图 5-30

第三阶段：用坐标系或经纬度确定位置，例如，北京位于北纬 40°、东经 116°，这是客观视角，或者叫"上帝"视角。这是最没有歧义的视角。

通过不断地优化视角，可以让更多的人理解我们在说什么，也更能理解别人的想法。我们总讲同理心，这就是实实在在的同理心。

# 第六章 图形

音乐的美由耳朵来感受，
几何的美由眼睛来感受。

——丘成桐

# 问题 40 欧拉是怎么"捡漏"的?

初等几何被认为是得到充分开发的一个领域,人们也不再期望什么惊喜,但"数学之王"欧拉还是从中找到了施展才华的机会。

平面图形按形状可分为直线形(三角形、四边形等)和曲线形(圆、椭圆等)。其中三角形是直线形的基础,所有的直线形都可以转化为三角形来讨论。我们从三角形的边、角性质开始研究,最后介绍欧拉发现的"欧拉线"。

## 1. 边与角

关于三角形的边和角,有两个基本性质。

(1)任意两边之和大于第三边。这点可由"两点之间直线段最短"来证明。

(2)三角形的内角和为 180°。这点可由平行线性质来证明。基于"三角形的内角和为 180°"这一性质,通过把 $n$ 边形分割成多个三角形,我们还可以推导出 $n$ 边形的内角和为 $180°\cdot(n-2)$。

如果能跳出内角和的思维定式,先求多边形的外角和,则是另一番天地。如图 6-1 所示,把自己想象成一只蜘蛛,从一个顶点出发沿着一条边行进,每到一个顶点就转动一个角度(该顶点的外角),转到相邻的边上,转完一圈回到起点，正好转了 360°，这就是外角和。如果把这个五边形无限缩小，五个顶点汇成一点，蜘蛛就是在原地转了一圈，恰好是 360°。这个方法是数学家陈省身先生的最爱，随着边数增多，多边形的内角和也在增大，而外角和却永远保持 360°，这是真正的"不变量"。越是不变的规律，越具有普遍性。

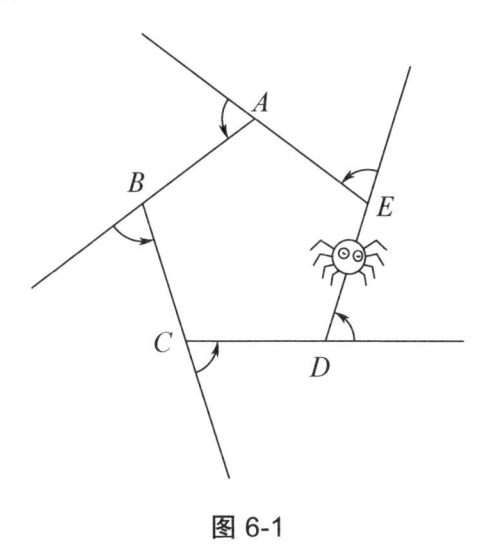

图 6-1

前面两个性质分别讨论了三角形的边的关系和角的关系，边和角之间的关系已在问题 37 中讨论过，此处不再重复。

## 2．面积

研究完三角形的边和角的性质，我们再来看面积。回忆一下，小学阶段初学三角形时我们是怎么求三角形面积的？接触了面积的定义后，我们就可以求一个矩形的面积，然后就遇到一个歪歪斜斜的三角形，这时候怎么办呢？如图 6-2 所示，聪明的我们再补出两个三角形，把这个歪歪斜斜的图形重新变回了熟悉的矩形，三角形的面积公式就显而易见了。

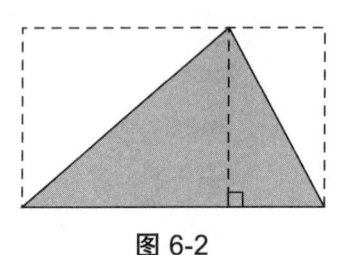

图 6-2

现在增加了平面直角坐标系这一工具，它的特点就是又"正"又"直"，遇到斜的图形，我们可以"改斜归正"，如图 6-3 所示，只要知道了 $\triangle ABC$ 三个顶点的坐标，就可以利用正方形面积减去三个直角三角形的面积，求得 $\triangle ABC$ 的面积。

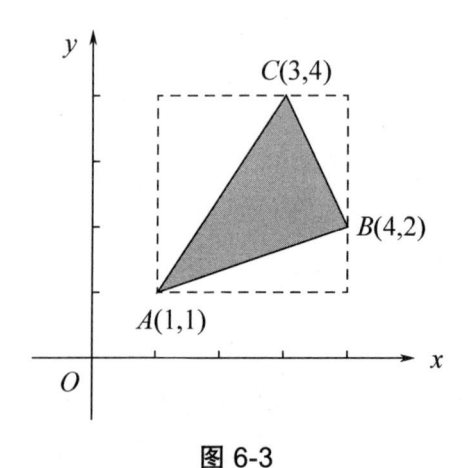

图 6-3

## 3. 欧拉线

三角形有各种心，如内心、外心、重心、垂心等，有网站专门收集三角形的心，截至本书成稿已超 5 万个。就是在这些"心"中，欧拉发现了一条三心相连的"欧拉线"。

已知：如图 6-4 所示，在 $\triangle ABC$ 中，点 $H$ 为垂心，点 $G$ 为重心，点 $O$ 为外心。

求证：$H$，$G$，$O$ 三点共线，且 $HG:GO=2:1$。

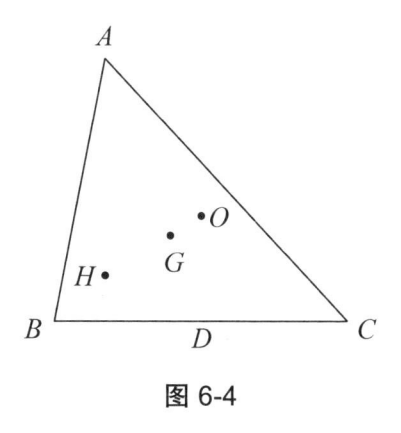

图 6-4

【证】第一步，先证 $AH \underline{\underline{\parallel}} 2OD$。

如图 6-5 所示，连接 $AH$ 并延长交 $BC$ 于点 $E$，连接 $CH$ 并延长交 $AB$ 于点 $K$。

∵ 点 $H$ 为 $\triangle ABC$ 的垂心，

∴ $AE \perp BC$，$AH \perp BC$，$CK \perp AB$，$CH \perp AB$。

点 $O$ 为 $\triangle ABC$ 的外心，以点 $O$ 为圆心，以 $OB$ 为半径可作 $\triangle ABC$ 的外接圆，延长 $BO$ 与圆 $O$ 相交于点 $F$。

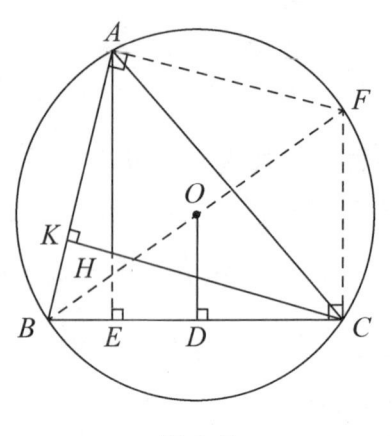

图 6-5

∵ $BF$ 为直径,

∴ $\angle BCF = 90°$,即 $FC \perp BC$。

∵ $AH \perp BC$, $FC \perp BC$,

∴ $AH /\!/ FC$。

同理可证 $CH /\!/ FA$,

∴ $AFCH$ 为平行四边形;

∴ $AH \underline{\underline{/\!/}} FC$。

取 $BC$ 中点 $D$,则 $OD$ 为 $\triangle BCF$ 的中位线,

∴ $FC \underline{\underline{/\!/}} 2OD$,

∴ $AH \underline{\underline{/\!/}} 2OD$。

第二步,证明 $H$, $G$, $O$ 三点共线,且 $HG:GO = 2:1$。

如图 6-6 所示,在 $AD$ 上取一点 $G$,使得 $AG:GD = 2:1$,则由重心性质可知,点 $G$ 为 $\triangle ABC$ 的重心。

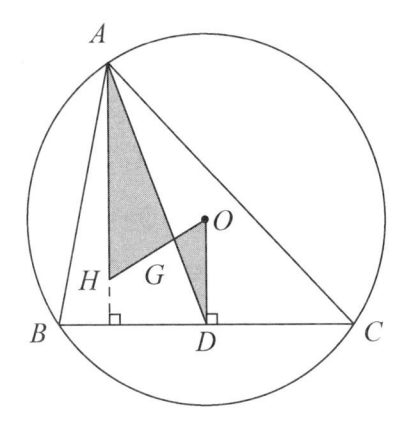

图 6-6

∵ $AH // OD$，

∴ $\angle HAG = \angle ODG$。

∵ $AH:OD = 2:1$，且 $AG:GD = 2:1$，

∴ $\triangle AGH \backsim \triangle DGO$（SAS）。

∴ $HG:GO = 2:1$，且 $\angle AGH = \angle DGO$。

∵ $\angle AGH = \angle DGO$，且 $A$，$G$，$D$ 三点共线，

∴ $H$，$G$，$O$ 三点共线。证明完毕。

## 问题41 特殊四边形都是一对全等三角形吗?

四边形的性质和判定,理解起来并不困难,但四边形的种类实在是太多了,特殊四边形有平行四边形、矩形、菱形、正方形、梯形……如何把纷繁复杂的各种四边形进行分类,建立一个有秩序的体系?我们再次使用如图6-7所示的画图法对四边形进行分类。

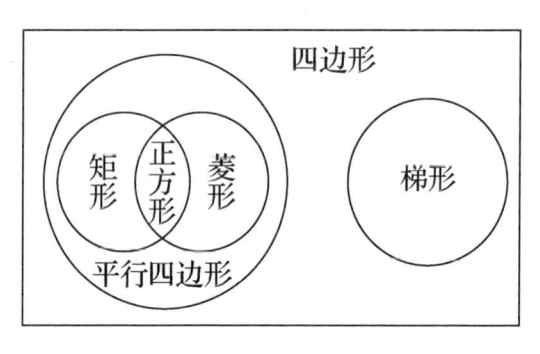

图 6-7

特殊四边形的很多定理,背后都用到了三角形全等,如果我们从三角形的角度来考查特殊四边形,发现全等三角形与特殊四边形之间有神奇的对应关系。

两个全等的普通三角形,可拼成一个平行四边形;两个全等的直角三角形,可拼成一个矩形;两个全等的等腰三角形,可拼成一个菱形;两个全等的等腰直角三角形,可拼成一个正方形,如图6-8所示。

第六章 图形

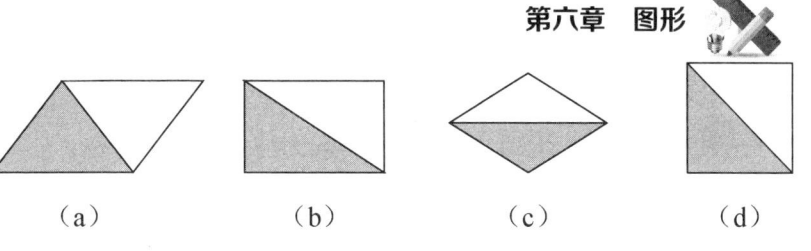

（a） （b） （c） （d）

图 6-8

还有一种特殊的四边形——梯形，虽然它不是由两个全等三角形拼成的，但是可以由两个等高三角形拼成。三角形真是无处不在！

如图 6-9 所示，平面上给定了 $A$，$B$，$C$ 三点，要使以 $A$，$B$，$C$，$D$ 四点为顶点的四边形为平行四边形，点 $D$ 有几种画法？

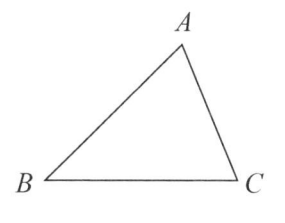

图 6-9

【析】本题的解题关键是有序思考，做到不遗漏任何可能。可以有以下两种思考顺序：

（1）顶点 $D$ 可与哪两个顶点相邻？点 $A$ 和 $B$，点 $A$ 和 $C$，点 $B$ 和 $C$，三种可能。

（2）△$ABC$ 可沿哪条边再复制一个？$AB$，$AC$，$BC$，三种可能。

两种思考顺序，都可得到如图 6-10 所示的 $D_1$，$D_2$，$D_3$ 三点。

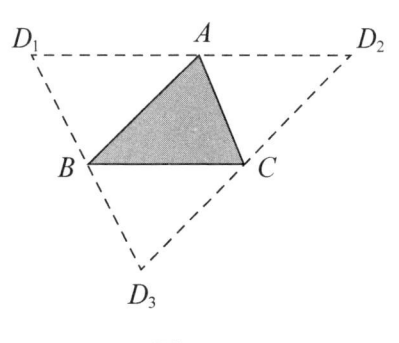

图 6-10

## 问题 42　圆上的角有什么共性？

在学圆的时候，我们常常被圆上各种复杂边、角关系搅得思绪混乱，其实，圆上的角和边都遵循着一些统一的规律，接下来我们就探索一下这些规律。

### 1．什么是圆？

"圆，一中同长也。"将《墨经》里这句话转化成数学的语言，就是圆的解析式 $\sqrt{(x-a)^2+(x-b)^2}=r$。其中，点（$a$，$b$）是"一中"，即圆心；$r$ 是"同长"，即半径。

【**例 1**】如图 6-11 所示，正方形 $ABCD$ 的边长为 4，点 $E$ 是 $AD$ 的中点，在 $AB$ 上任取一点 $F$，沿 $EF$ 将点 $A$ 翻折到点 $A'$，求 $BA'$ 的最小值。

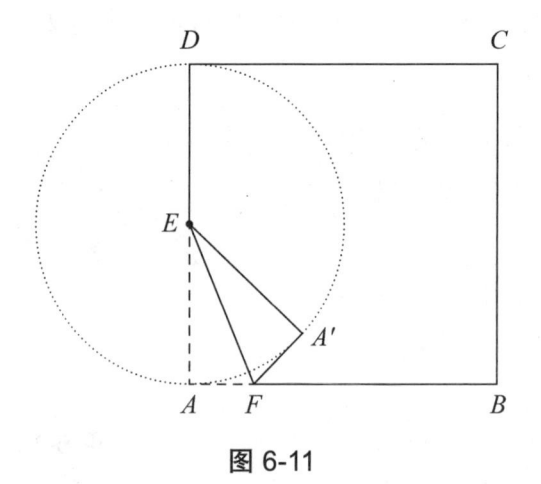

图 6-11

【析】想求定点 $B$ 与动点 $A'$ 的最小距离,要先找动点 $A'$ 的轨迹。我们发现 $EA=EA'$,则点 $A'$ 的轨迹在以点 $E$ 为圆心、以 $AE$ 为半径的圆上,由此可得 $BA'$ 的最小值为 $2\sqrt{5}-2$。

利用"一中同长",从圆心出发,引无数条半径(长度为 $r$),将圆分割成无数个小扇形,把这些扇形近似看作三角形,可推导出圆的面积公式:

$$S=\pi r^2$$

### 2. 角

在讨论角前,我们先引入"弧度制"。因为在同一个圆上,弧与圆心角是一一对应的关系,我们把圆心角的度数也看作其所对应的弧的度数,规定:

$$一段弧的度数 = 对应圆心角的度数 = \frac{弧长}{半径}$$

特殊的,长度为 $\frac{1}{4}$ 圆周的弧的度数 $=90°=\frac{\pi}{2}$。

与圆相关的角中,大家都很熟悉圆心角和圆周角这两种特殊情形,我们把所研究的角的范围扩大,按角的顶点所在位置,将角分为圆内角、圆上角、圆外角,这就是与圆相关的所有角了。

(1)圆内角,即角的顶点在圆内部的角。如图 6-12 所示,可证明圆内角∠APB的度数为角两边所在直线所夹两弧的度数之和的一半,而圆心角是圆内角的一种特殊情况,也符合这一公式。

$$\angle P = \frac{弧1 + 弧2}{2}$$

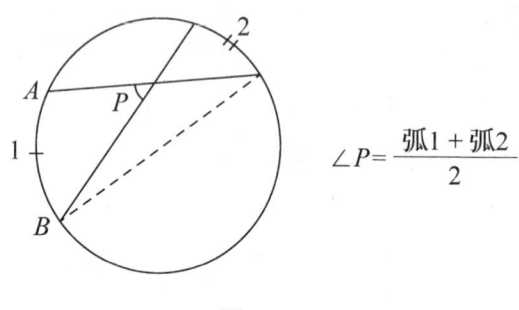

图 6-12

（2）圆上角,即角的顶点在圆上的角。圆上角有两种情况,一种是两边都是弦,这就是我们熟悉的圆周角;还一种情况,如图 6-13 所示,∠APB 的一边是弦,另一边是切线,这就是弦切角,此时∠APB 的度数为角两边所在直线所夹弧的度数的一半。显然圆周角也符合这一公式,如果一个圆周角和一个弦切角所夹弧相同,则两角相等。

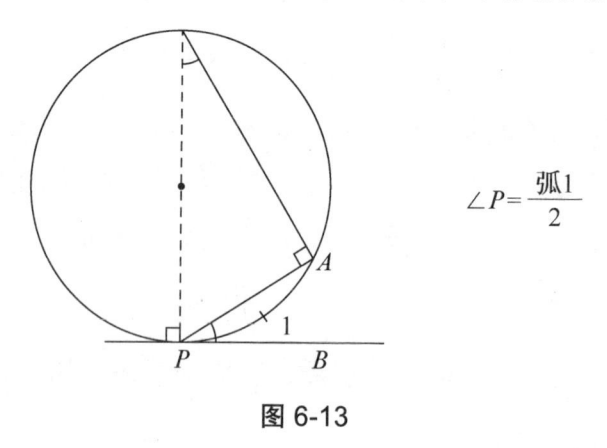

$$\angle P = \frac{弧1}{2}$$

图 6-13

（3）圆外角，即角的顶点在圆外部的角。如图 6-14 所示，圆外角 $\angle P$ 的度数为角两边所在直线所夹两弧的度数之差的一半。

$$\angle P = \frac{弧1 - 弧2}{2}$$

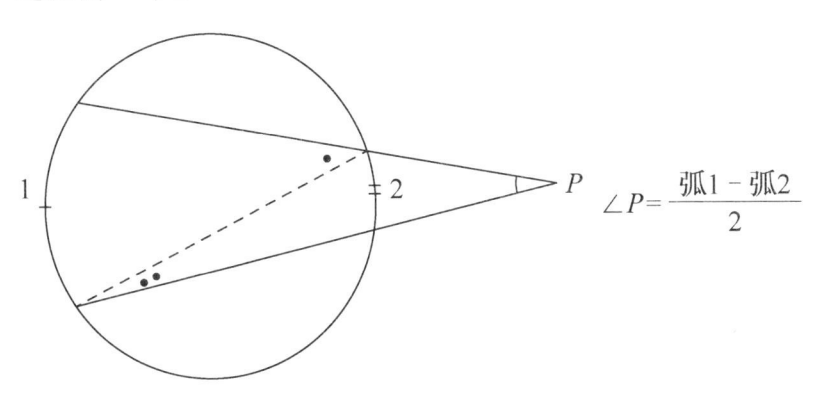

图 6-14

三种角的算式虽然看似不同，实则暗含一致性，直观来说，这个角的度数都与角的两边所在直线夹着的弧的度数相关，如果所夹的弧往外凸，算式中就加上这段弧的度数，如果弧往里凹，就减去这段弧的度数。

相对于角来说，弧具有唯一性，因此用弧来找关系，往往更清晰，我们在圆上讨论角时，要善于将角对应到弧上。

【例2】如图 6-15 所示，圆 $O$ 的直径 $AB = 13$，弦 $CD = 5$，弦 $AC$ 与 $BD$ 的交点为点 $P$，求 $\cos\angle BPC$ 的度数。

【析】 $\angle BPC$ 是圆内角，由圆内角公式得，$\angle BPC = \dfrac{弧AD度数 + 弧BC度数}{2}$，如图 6-16 所示，弧 $BC$ 与弧

$AE$ 度数相同，则 $\angle BPC = \dfrac{\text{弧}AD\text{度数} + \text{弧}AE\text{度数}}{2} = \angle DCE$，计算可得，$\cos\angle BPC = \cos\angle DCE = \dfrac{5}{13}$。

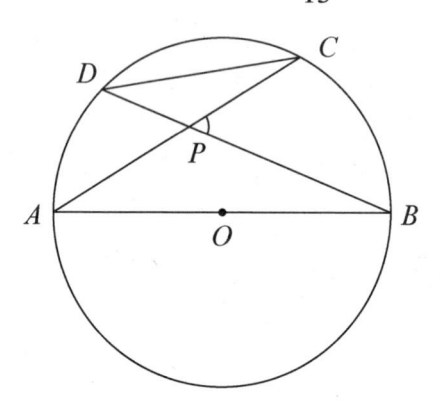

图 6-15

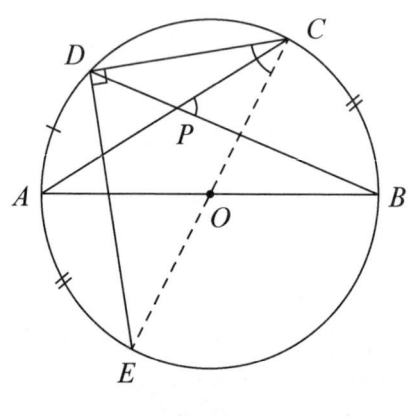

图 6-16

## 3. 边

圆相关的边的关系中，除教材上的垂径定理和切线性质定理外，还有一个重要的圆幂定理，它是相交弦定理、割线定理、切割线定理的三合一。

圆幂定理：从一点 $P$ 出发的两条直线，与圆分别交于点 $A$，$B$ 和点 $C$，$D$（如果直线与圆相切，例如，直线 $CD$ 与圆相切，则此时点 $C$，$D$ 重合），则 $PA \cdot PB = PC \cdot PD$。无论点 $P$ 在圆内还是圆外，两直线与圆相交还是相切，这一等式都成立。如图 6-17 所示，在三种情况下，都可通过 $\triangle PAC \sim \triangle PDB$（AA）来证明这个定理，展现了高度统一性。

（a）点 $P$ 在圆内

（b）点 $P$ 在圆外（相交）

（c）点 $P$ 在圆外（相切）

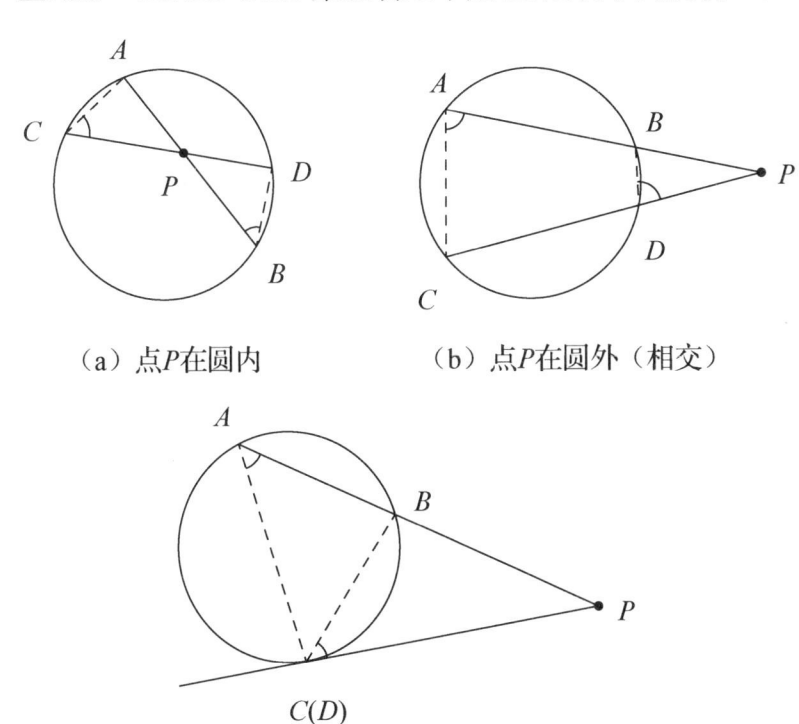

图 6-17

如图 6-18 所示，当两弦互相垂直，且一弦为直径时，圆幂定理就是直角三角形的射影定理：$CD^2 = AD \cdot BD$。

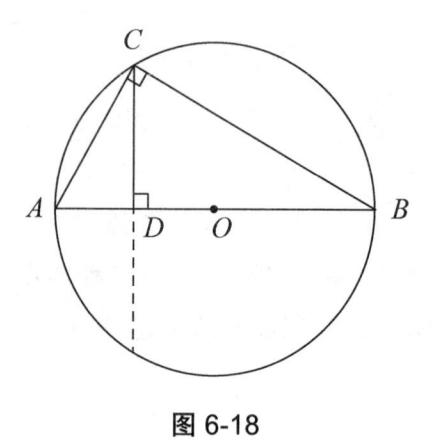

图 6-18

## 第六章 图形

## 问题 43 怎么找圆？

前面研究了圆上的边和角的一些特殊性质，如果能在图形中找到一个圆，就可充分利用这些性质。怎么能判定几个点在同一个圆上呢？

首先我们明确三点共圆。过平面上不在同一条直线上的三点 $A$，$B$，$C$，有且只有一个圆；这个圆就是 $\triangle ABC$ 的外接圆。利用线段垂直平分线的性质可以证明这一命题。

接下来，我们来探讨四点共圆，如图 6-19 所示。判定四点共圆，最常用的是以下两个判定定理：

（1）对角互补→四点共圆；
（2）同侧顶角相等→四点共圆。

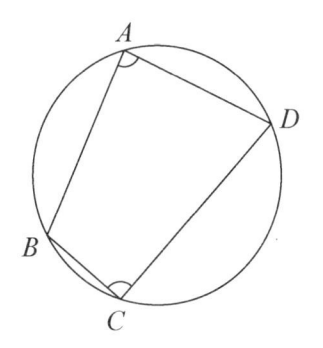

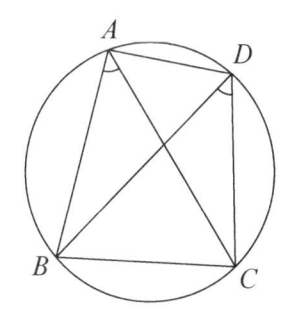

图 6-19

利用第二个判定定理，可证明命题：如果一个动点 $C$ 在一条线段 $AB$ 的一侧移动，移动时保持 $\angle ACB$ 的大小固定，那么无论怎么动,点$C$都在以线段$AB$为弦的同一个圆上。

【证】如图 6-20 所示,假设点$C$移动到了点$C_1$处,因为$A$,$B$,$C_1$三点不共线,因此三点共圆,这个圆可看作$\triangle ABC_1$的外接圆;假设点$C$移动到任一位置——点$C_2$,因为$\angle AC_1B = \angle AC_2B$,由"同侧顶角相等,四点共圆"可知,$A$,$B$,$C_1$,$C_2$四点共圆,因此点$C$仍在$\triangle ABC_1$的外接圆上。证明完毕。

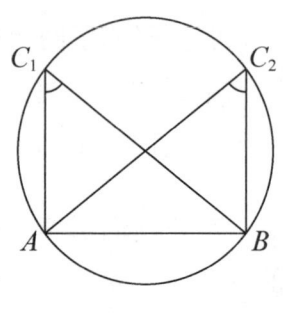

图 6-20

因为线段$AB$这个定边永远是点$C$的运动轨迹所在圆的一条定弦,因此这个结论可简称为"定弦定角"法则。"定弦定角"法则和"一中同长"法则是动点问题中锁定圆轨迹的两大利器。下面我们举两个例子,加深对"定弦定角"法则的理解。

【例1】已知直角三角形的底边长为10,求直角三角形面积的最大值。

【析】解题思路有以下两个大方向。

(1)利用勾股定理建立两直角边的关系,$a^2 + b^2 = 10^2$,而$S = \dfrac{1}{2}ab \leqslant \dfrac{1}{2} \cdot \dfrac{a^2+b^2}{2} = 25$,其中$a = b$时取最大值;此处利用了不等式来讨论最值问题。

（2）当底边确定时，想让直角三角形的面积取最大值，只须找到底边最大的高即可。本题可利用解析法，如图 6-21 所示，由射影定理知，$h=\sqrt{d(10-d)}$，而找 $d(10-d)$ 的最大值，是一个二次函数找顶点的常见问题。

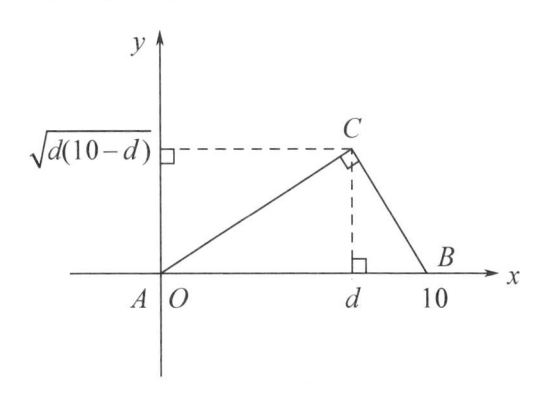

图 6-21

解决本题，利用几何方法更简捷。如图 6-22 所示，由于定边 $AB$ 的长为 10，所对的 $\angle C$ 是恒为 90° 的定角，根据"定弦定角"法则，顶点 $C$ 在以底边 $AB$ 为直径的半圆（$r=5$）上。显然点 $C$ 在半圆最上方时，高（$h$）最大，此时，$h=r=5$。

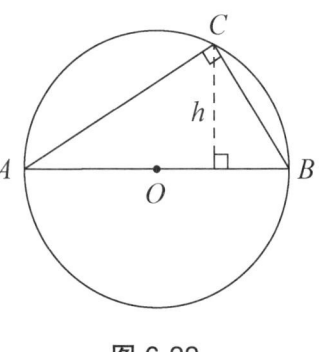

图 6-22

【例 2】如图 6-23 所示，在等腰 Rt△$ABC$ 中，$AB=AC=2$，点 $E$ 为 $AC$ 上的一个动点，以 $AE$ 为直径的

圆 $O$ 与 $BE$ 交于点 $F$，求 $CF$ 的最小值。

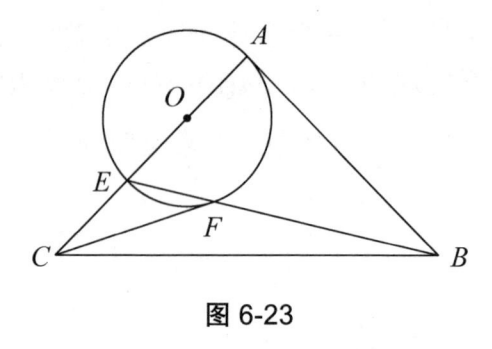

图 6-23

【析】要求定点 $C$ 到动点 $F$ 的最小距离，常用的一个思路是首先确定动点 $F$ 的轨迹，再来求定点到轨迹的最小距离，把动态问题转换成静态问题。如图 6-24 所示，因为 $\angle AFB = \angle AFE = 90°$，根据"定弦定角"法则，点 $F$ 在以 $AB$ 为直径的圆 $D$ 上，当点 $F$ 为 $CD$ 与圆 $D$ 的交点时，$CF$ 取最小值 $\sqrt{5}-1$。

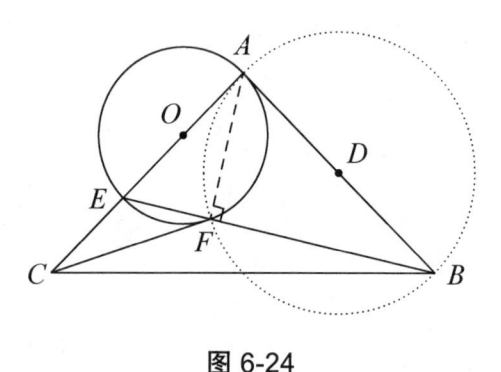

图 6-24

上述两个例子，都是利用"定弦定角"法则，通过找到动点轨迹所隐藏的圆，来巧妙求解最值问题。

## 问题 44　地图上的等高线能用来解题吗？

先讨论一个经典的最大视角观测点问题。

【例 1】如图 6-25 所示，在平面直角坐标系中有一条线段 $AB$，两个端点的坐标为点 $A(0,2)$，$B(2,4)$，设想有一个人只能在 $x$ 轴上移动，他想寻找最佳观测点 $P$，使其观测线段 $AB$ 的视角 $\angle APB$ 最大，求点 $P$ 的坐标。

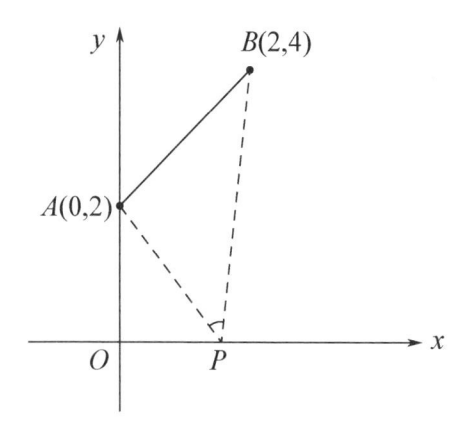

图 6-25

【析】先不考虑 $x$ 轴的限制，若要在整个平面直角坐标系上找到一个点 $P$，使得 $\angle APB$ 最大，那肯定是点 $P$ 与线段 $AB$ 的距离越近越好；随着点 $P$ 与线段 $AB$ 的距离越来越远，$\angle APB$ 越来越小。这是一个粗略的分析，其中准确的变化规律是什么呢？

回想"定弦定角"法则,如果把线段 AB 看作定弦,把∠APB 看作定角,那么所有使得∠APB 为同一个值的点 P 一定在同一个圆上。借用地理上的等高线,我们建立∠APB 的等视角线,如图 6-26 所示,以线段 AB 为定弦作一系列圆,点 P 在同一个圆上时,所有的∠APB 都相等,当点 P 落在越外层的圆上时,∠APB 越小。

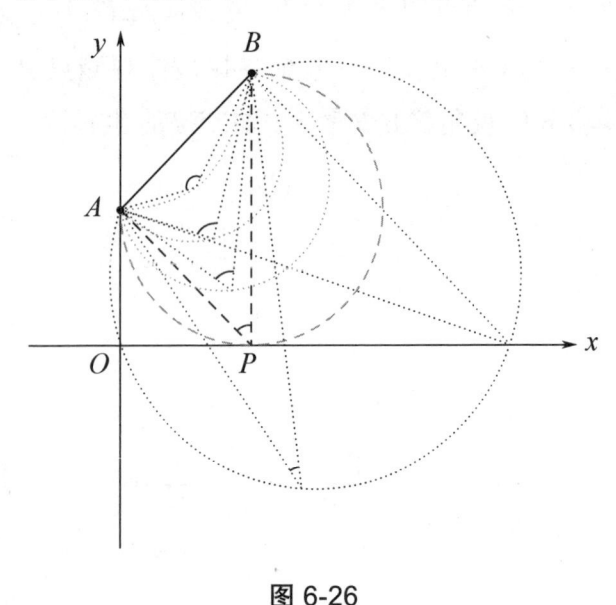

图 6-26

想让∠APB 最大,就是要找最内层的圆,x 轴上的点 P 可以接触到的最内层的圆,是这一系列圆中与 x 轴相切的那个,此时点 P 恰好落在切点处。剩下的工作,就是通过计算,精准找到这个圆心 C 的坐标,只要确定了圆心 C,就可找到点 P 的坐标。

先采用第一种计算方法。首先，要保证 AB 为圆 C 的定弦，点 C 必须在 AB 的垂直平分线 $y=-x+4$ 上，可设点 C 的坐标为（$c, 4-c$）。

其次，圆 C 与 x 轴相切，切点 P 的坐标为（$c, 0$），则 $CP=CA$，即 $4-c=\sqrt{c^2+(4-c-2)^2}$，可得 $c=2$ 或 $c=-6$，观察两点，可知点 $C(2,2)$ 为所求圆心，即可对应确定 P 点坐标为（2, 0）。

细心观察可注意到，线段 AB 两侧都可以画出等视角线系列圆，点 $C(-6, 10)$ 在另一侧的等视角线上，它并非毫无意义，虽然不是整条 x 轴上的最优观测点，却也是 $x<-2$ 时的局部最优观测点。

换一种计算方法。如图 6-27 所示，如果我们把点 A 看作焦点，把 x 轴看作准线，可确定一条抛物线，其解析式为 $y=\frac{1}{4}x^2+1$；既然 $CA=CP$，根据抛物线定义，点 C 在这条抛物线上。点 C 既在抛物线 $y=\frac{1}{4}x^2+1$ 上，又在直线 $y=-x+4$ 上，把两个函数看作两个方程，联立方程组所求得的交点，即点 $C(2, 2)$ 或 $C(-6, 10)$。两种计算方法的结论一致。

图 6-27

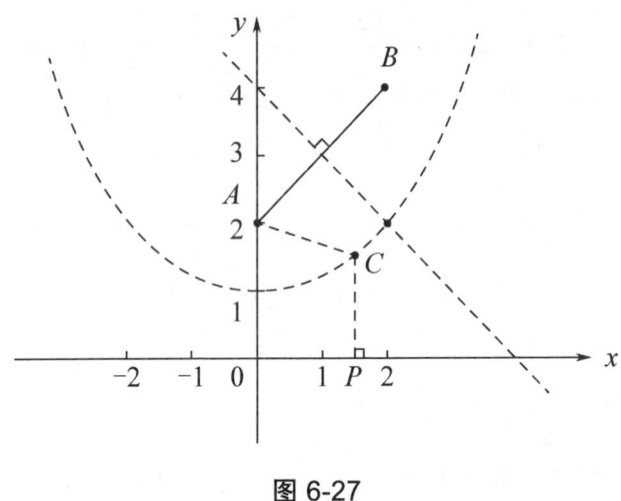

除了以上两种计算方法,还有一种画出点 P 的尺规作图法,有兴趣的读者可以挑战下。

【提示】当点 P 为切点时,从这个圆的角度看,x 轴为圆的切线,弦 AB 在圆的一条割线上,设切线与割线的交点为点 Q,利用圆幂定理可得到线段 QP 的长度,而尺规作图可以实现乘法和开平方运算(详见问题 53),画出点 P。

等高线视角背后的思想是,遇到运动问题,不要无序地乱动,要有规律地动,一层一层地扩散,每一层保持相同的效果。这一方法在处理很多动态问题时,会让思路变得简明而清晰。

【例 2】抛物线 $y = x^2 - 4x + 3$ 与 x 轴交于 A,B 两点(点 A 在左侧),与 y 轴交于点 C,抛物线在点 B,C 之间的部

分称为 $g$，点 $P$ 为抛物线 $g$ 上的一个动点，求 $S_{\triangle PBC}$ 的最大值。

【析】首先可求得三个点的坐标 $A(1, 0)$，$B(3, 0)$，$C(0, 3)$，如图 6-28 所示。既然 $BC = 3\sqrt{2}$，要求 $S_{\triangle PBC}$ 的最大值，只须找到 $BC$ 边对应的高（即点 $P$ 到直线 $BC$ 的距离）的最大值即可。

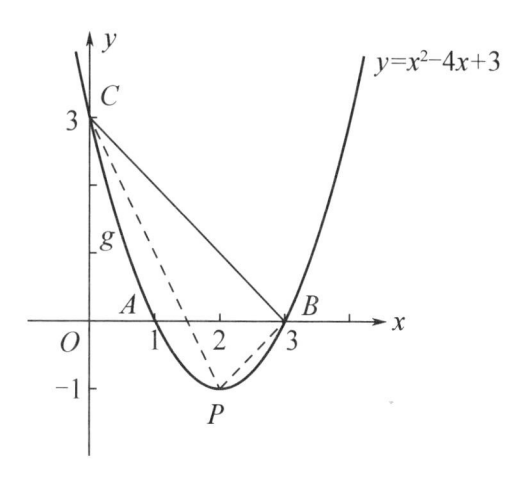

图 6-28

如图 6-29 所示，利用等高线视角，将 $BC$ 所在直线逐层向下平移，形成与 $BC$ 平行的一组平行线；因为在这组平行线中，同一条直线上所有的点到 $BC$ 的距离相等，所以可把这组平行线看作关于 $BC$ 边的一组等高线；平行线越往下移，线上的点到 $BC$ 的距离越大，直到平行线与抛物线相切时，距离达到最大值，此时的切点就是抛物线 $g$ 上使得 $S_{\triangle PBC}$ 取最大值的点 $P$。

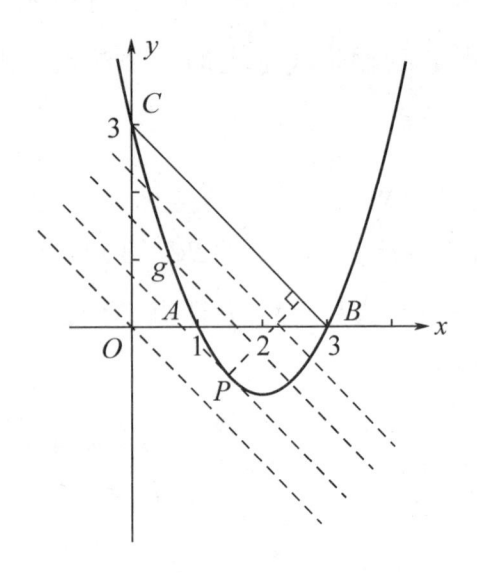

图 6-29

分析完毕，我们来完成计算。设平移后的直线为 $y=-x+b$，与 $y=x^2-4x+3$ 联立方程组，即可讨论直线与抛物线的交点问题，

$$\begin{cases} y=-x+b \\ y=x^2-4x+3 \end{cases}$$

化简可得，$x^2-3x+3-b=0$。

当 $\Delta=(-3)^2-4(3-b)=0$，即 $b=\dfrac{3}{4}$ 时，方程有两个相同解，此时直线与抛物线相切。当 $b=\dfrac{3}{4}$ 时，直线与抛物线的切点 $P$ 的坐标为 $\left(\dfrac{3}{2},-\dfrac{3}{4}\right)$，此时 $S_{\triangle PBC}$ 取最大值 $\dfrac{27}{8}$。

第六章　图形

## 问题 45　地球的轨道有什么特点？

包括地球在内的所有行星都是沿椭圆轨道运转的。椭圆是个什么样的图形呢？

### 1. 椭圆的面积

直观来说，把圆压扁了，就是椭圆，这个理解有助于我们推导椭圆的面积公式。如图 6-30 所示，一个半径为 $a$ 的圆，可以近似看作很多个小矩形的面积之和，当把圆拆

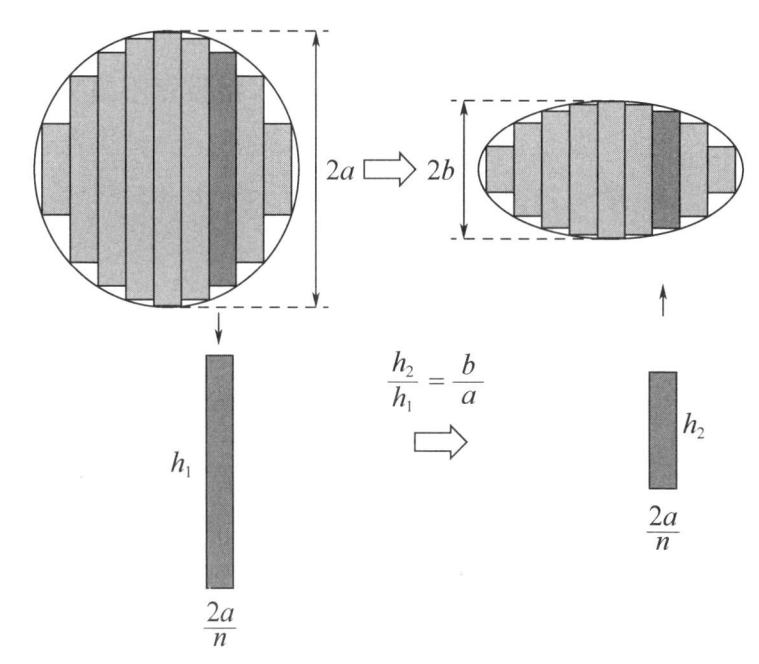

$$\frac{h_2}{h_1} = \frac{b}{a}$$

图 6-30

得足够细的时候，圆的面积就是这些小矩形的面积之和。如果在水平方向上，让圆的宽度保持为 $2a$ 不变，在竖直方向上，将它的高度从 $2a$ 压成 $2b$，圆就被压成了椭圆。

此时，对于每一个矩形来说，

$$\frac{新矩形的高}{原矩形的高}=\frac{b}{a}$$

矩形的底没变，仍是 $\frac{2a}{n}$，因此，

$$\frac{新矩形的面积}{原矩形的面积}=\frac{b}{a}$$

椭圆面积是这些新矩形面积之和，因此，

$$\frac{椭圆的面积}{圆的面积}=\frac{b}{a}$$

最终可得到椭圆的面积公式：

$$S=\frac{b}{a}\cdot\pi a^2=\pi ab$$

将圆拆分成矩形的方法，虽然在求圆的面积的时候不如拆分成三角形那么神奇，但是在求椭圆面积时却发挥了奇效。由此可见，没有最佳解题方法，每种解题方法都有其最佳适用场景。

## 2. 椭圆的几何性质

从几何角度看,椭圆有什么特殊意义呢?还是对照圆来看,圆是到一点距离为定长的点的轨迹,椭圆是到两点距离之和为定长的点的轨迹。试验一下,固定的两个钉子上系一根比两个钉子的距离之和更长的绳子,拿一支笔绷紧绳子绕一圈,画出的轨迹就是一个椭圆。我们称这两个钉子为焦点,如图 6-31 所示。

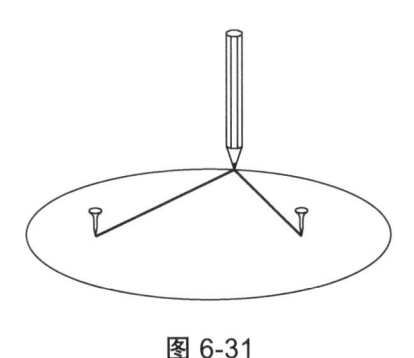

图 6-31

在平面直角坐标系上可以求出笔的运动轨迹的解析式。假设两个钉子的坐标分别为 $(-1, 0)$,$(1, 0)$,绳长为 4,如图 6-32 所示,则轨迹上的点的坐标 $(x, y)$ 满足等式 $\sqrt{(x+1)^2+y^2}+\sqrt{(x-1)^2+y^2}=4$,整理可得 $\dfrac{x^2}{4}+\dfrac{y^2}{3}=1$。

阿波罗尼斯(Apollonius),262B.C.—190B.C.,大几何学家。他的著作《圆锥曲线》是古希腊几何的巅峰之作,其中的坐标思想启发笛卡儿创立了解析几何。《圆锥曲线》已经总结了椭圆的主要理论成果,直到 17 世纪,开普勒发

**图 6-32**

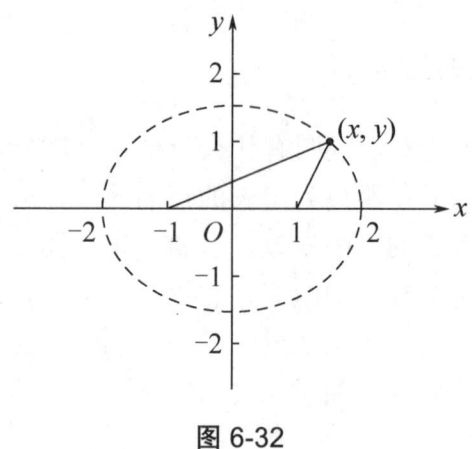

现行星轨道是椭圆,并经牛顿用万有引力定律解释,椭圆的理论与实践才最终交汇,这一基础理论历经 1800 余年才大显神威。

数学很多时候真的是耐得住寂寞,历久弥香。

# 第六章 图形

## 问题 46 怎么用三维视角研究二维问题?

数学家发现,将一个圆锥斜切一刀,如图 6-33 所示,其切面就是一个椭圆,从这一角度也可以证明椭圆上所有点到两个定点的距离之和为定值。比利时数学家丹德林在 19 世纪给出的这个证明要比问题 45 中的解析方法更直观、更精彩。

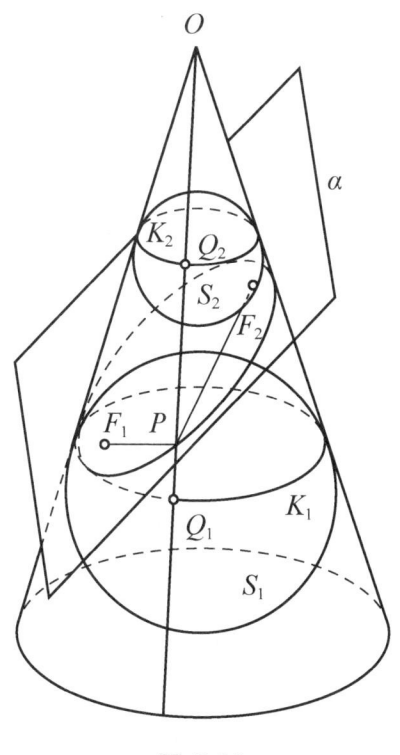

图 6-33

在图 6-33 中，平面 $\alpha$ 截圆锥得一椭圆，从截面上下往圆锥里各塞一个球 $S_1$，$S_2$，使之恰好与圆锥内侧、平面 $\alpha$ 都相切。此处需要一点想象力，可以想象，先把球 $S_2$ 塞进圆锥，使之与圆锥相切；然后，放入平面 $\alpha$，使之与球 $S_2$ 相切；最后，放入球 $S_1$，这个球是可吹气的，通过吹气使它逐步变大，直到正好与圆锥、平面 $\alpha$ 分别相切。

设两球与圆锥内侧的切线为圆 $K_1$，$K_2$，两球与平面 $\alpha$ 的切点分别为 $F_1$，$F_2$。

点 $P$ 为椭圆上任一点，从圆锥顶点 $O$ 出发的射线 $OP$ 分别交圆 $K_1$，$K_2$ 于点 $Q_1$，$Q_2$。从点 $P$ 出发到球 $S_1$ 的所有切线等长，故 $PF_1 = PQ_1$；同理 $PF_2 = PQ_2$。

因此，$PF_1 + PF_2 = PQ_1 + PQ_2 = Q_1Q_2$，即椭圆上任一点 $P$ 到两个焦点 $F_1$、$F_2$ 的距离之和为定长 $Q_1Q_2$。证明完毕。

用立体几何的方法不仅可以研究椭圆，还可以研究抛物线、双曲线，并可把它们都归结到同一个圆锥上，因此这三类曲线被统称为"圆锥曲线"。用三维视角研究二维平面上的圆锥曲线的性质，这是一个经典的升维法案例。

## 问题 47 光是怎么反射的?

《物理》教科书给出了光的反射定律和折射定律,这两个定律看上去不一样,二者也没有什么关系,光的运动是否遵循更高层次上的统一规律呢?费马曾提出了一个大胆的猜想:在两点之间的所有路径中,光永远选择时间最短的那条,这被称作光的最短时间原理或费马原理。后来的多个实验都验证了这一原理。

从费马原理的角度来看,光的直镜面反射,恰好符合"将军饮马"模型。在将军饮马模型中,如果把光看作将军,把河看作镜子,如图 6-34 所示,光要从点 $A$ 先经过镜子 $l$ 再到点 $B$,时间最短的路径就是饮马点 $C$,此时 $\angle ACD = \angle BCD$,即入射角等于反射角,完全符合光的反射定律。

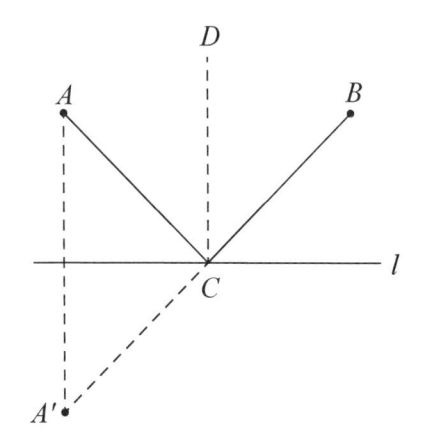

图 6-34

进一步推广将军饮马模型,如果作为河的镜面是弯的,"光将军"会怎么选路呢?利用传统的将军饮马模型没法讨论这一问题,我们需要椭圆的帮助。

### 1. 椭圆的切线性质

椭圆是到两焦点距离之和为定长的点的轨迹,这一几何性质可以推导出椭圆的切线性质,进而帮助我们推广将军饮马模型的适用范围。

**命题 1**:如图 6-35 所示,椭圆的两个焦点是点 $A$ 和点 $B$,直线 $MN$ 是椭圆的一条切线,切点为点 $C$,过点 $C$ 作 $MN$ 的垂线交椭圆于点 $D$,点 $E$ 为点 $B$ 关于切线 $MN$ 的对称点,则点 $A$,$C$,$E$ 三点共线,且 $\angle ACD = \angle BCD$。

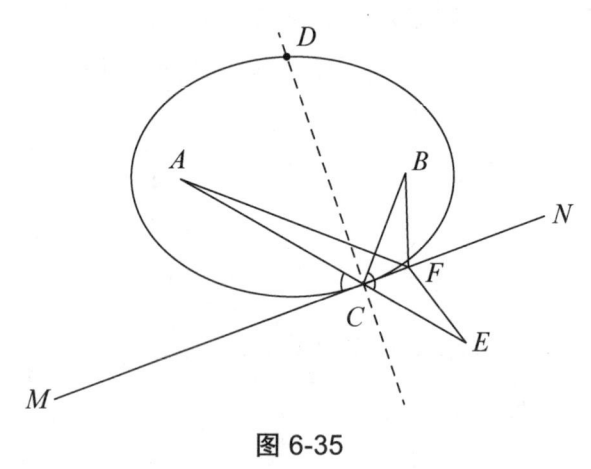

图 6-35

**【证】** 采用反证法,假如点 $A$,$C$,$E$ 不共线,则 $AE < AC + CE$。

设 $AE$ 交切线于点 $F$，而点 $F$ 必在椭圆外，$AC+CE=AC+CB<AF+FB=AF+FE=AE$，故 $AC+CE<AE$。显然矛盾，因此点 $A$，$C$，$E$ 必共线，所以 $\angle ACM=\angle ECN=\angle BCN$，所以 $\angle ACD=\angle BCD$。证明完毕。

### 2．利用椭圆扩展将军饮马模型

再来看将军饮马模型，把将军的出发点和目的地看作椭圆的两个焦点 $A$，$B$，我们可以利用等高线模式画出一层一层嵌套的椭圆，每层椭圆的焦点都是 $A$，$B$；同一个椭圆上的所有点，到点 $A$，$B$ 的距离之和都相等，椭圆越外层上的点，到点 $A$，$B$ 的距离之和越大。这一系列嵌套椭圆就建立了关于到两焦点距离之和逐层扩大的等距离线。

如图 6-36 所示，当河是一条直线时，它所能接触到的最内层的椭圆就是与其相切的那个椭圆，此时切点 $C$ 就是饮马点，$AC+BC$ 取最小值。

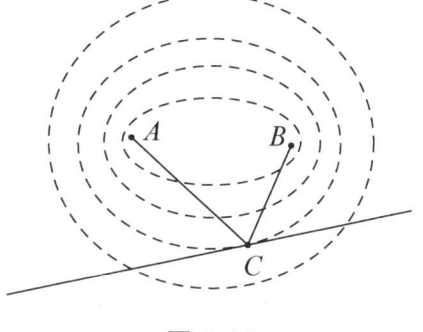

图 6-36

如图 6-37 所示，过切点 $C$ 作切线的垂线交椭圆于点 $D$，由椭圆切线性质得，$\angle ACD=\angle BCD$，即入射角等于反射角，完全符合光的反射定律。

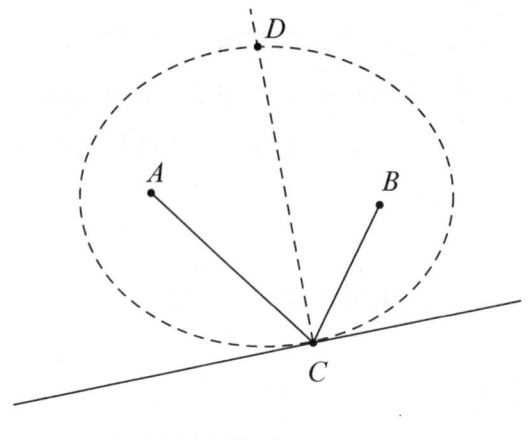

图 6-37

当河是一条曲线时，可以采用完全一样的思路，先利用层层椭圆建立等距离线，曲线河能接触到的最内层的椭圆也是那个与其相切的椭圆，切点是饮马点。通过引入椭圆，我们把光的反射问题的研究范围，从直线镜面扩展到了曲线镜面。假设河是圆形的，此时得到的饮马点 $P$ 如图 6-38 所示。

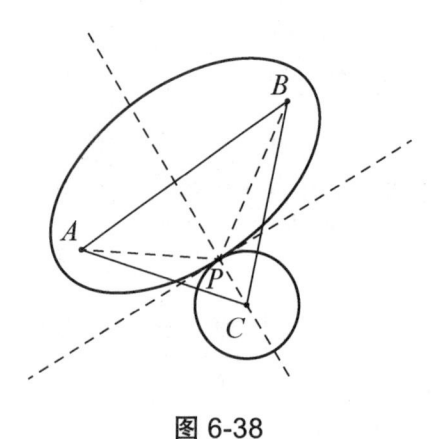

图 6-38

换个说法来描述，到点 $C$ 距离固定的所有点中，点 $P$ 到点 $A$ 和点 $B$ 的距离之和最小，利用椭圆切线性质可得，$\angle APC = \angle BPC$。这对我们寻找到 $\triangle ABC$ 三个顶点距离之和最小的点——费马点很有帮助。

### 3. 寻找费马点

继续参照图 6-38，给定一个 $\triangle ABC$，假设已经找到了这个费马点 $P$，现在控制点 $P$ 到点 $C$ 的距离不变，挪动点 $P$，即让点 $P$ 沿着圆 $C$ 移动，而在圆 $C$ 上的所有点中，点 $P$ 到点 $A$ 和点 $B$ 的距离之和最小，因此点 $P$ 必是以点 $A$ 和点 $B$ 为焦点的椭圆与圆 $C$ 的切点，$\angle APC = \angle BPC$。同样的道理，可证 $\angle APC = \angle APB$，因此，$\angle APC = \angle BPC = \angle APB = 120°$，这样就可以确定费马点 $P$ 的位置。

## 问题 48　光是怎么折射的?

继续探讨光的最短时间原理。如果光在同一种介质中传播，例如，在相同的空气里发生镜面反射，此时光的传播速度都一样，所以距离最短的路线也是传播时间最短的路线。在不同的传播介质里光的传播速度不同，例如，光在空气中的速度比在水里快，那么光会如何运动呢？

### 1. 求导法

如图 6-39 所示，点 $A(0, y_1)$，$B(x_2, y_2)$ 为定点，光在 $x$ 轴上方的速度为 $v_1$，光在 $x$ 轴下方的速度为 $v_2$，从点 $A$ 出发，怎么样才能最快到达点 $B$ 呢？

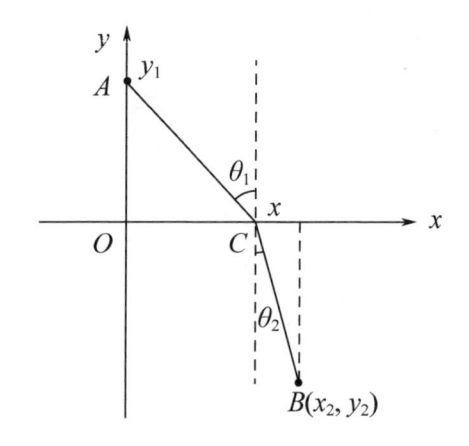

图 6-39

解决这个问题，最好的方法是利用取极值时导数为 0

的方法。在 $x$ 轴上任取一点 $C(x, 0)$，光从点 $A \to C \to B$ 的传播时间 $t = \dfrac{\sqrt{x^2 + y_1^2}}{v_1} + \dfrac{\sqrt{(x-x_2)^2 + y_2^2}}{v_2}$。

对 $t$ 求导，$\dfrac{\mathrm{d}t}{\mathrm{d}x} = \dfrac{\dfrac{x}{\sqrt{x^2 + y_1^2}}}{v_1} - \dfrac{\dfrac{x_2 - x}{\sqrt{(x-x_2)^2 + y_2^2}}}{v_2} = \dfrac{\sin\theta_1}{v_1} - \dfrac{\sin\theta_2}{v_2}$。

导数为 0 时 $t$ 取极小值，此时 $\dfrac{\sin\theta_1}{v_1} = \dfrac{\sin\theta_2}{v_2}$。

但是这超出了初中知识范围，要用初中的方法解决这一问题，需先引入一个几何模型——胡不归模型。

## 2. 胡不归模型

"胡不归"出自陶渊明的《归去来兮辞》，"归去来兮，田园将芜胡不归？"翻译成现代汉语就是，"田园都要荒芜了，怎么还不回来？"这是在催促某人赶紧回家呢。我们把回家场景切换成如图 6-40 所示的将军饮马场景。

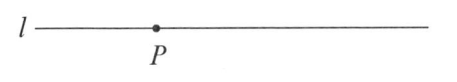

**图 6-40**

将军要从点 $A$ 去点 $P$，他的正常速度为 $v$，直线 $l$ 是一条特殊的快速路，将军在 $l$ 上的速度为 $v_0$，$v_0 > v$，将军想尽快到达点 $P$，怎么走最快？

将军肯定想利用好快速路 $l$，但是选择哪个位置上去是个问题。如图 6-41 所示，构造一条从点 $P$ 引出的射线 $l'$，使得 $\sin\theta = \dfrac{v}{v_0}$，这就有趣了，假设将军在 $B$ 点登上快速路 $l$，过点 $B$ 作 $BC$ 垂直 $l'$ 于点 $C$，则 $\dfrac{BC}{BP} = \sin\theta = \dfrac{v}{v_0}$，$B \to P$ 和 $B \to C$ 两条路线的距离之比是 $v : v_0$，速度之比也是 $v : v_0$，所以两条路线的用时一样多。

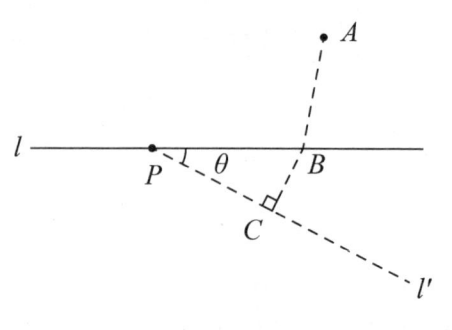

图 6-41

也就是说，$A \to B \to P$ 与 $A \to B \to C$ 两条路线的用时一样。问题从"怎么选点 $B$，使得 $A \to B \to P$ 用时最短？"转化为"怎么选点 $B$，使得 $A \to B \to C$（即 $A \to B \to l'$）用时最短？"如图 6-42 所示，直接从点 $A$ 作 $l'$ 的垂线，就能找到关键的上路点 $B'$，时间最短路线就是 $A \to B' \to P$。

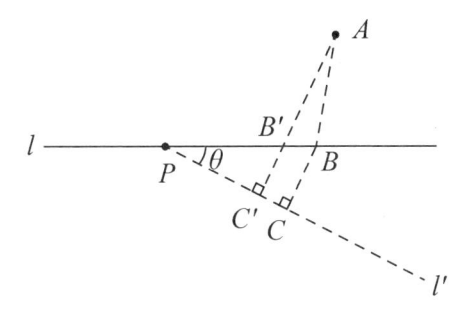

图 6-42

如图 6-43 所示，过点 $B'$ 作 $l$ 的垂线 $B'N$，发现 $\angle AB'N = \theta$，即 $\sin\angle AB'N = \dfrac{v}{v_0}$。由此可知，$v_0$ 越大，$\theta$ 越小；$v$ 越小，$\theta$ 越小。这就是胡不归模型，它是解决光的折射问题的关键。

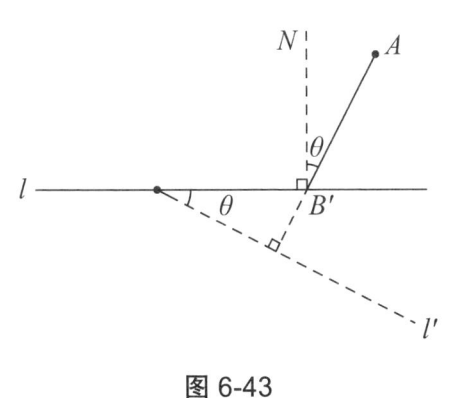

图 6-43

### 3．用胡不归模型看折射

如图 6-44 所示，假设 $A$，$B$ 两个点上各有一位将军，速度分别为 $v_1$，$v_2$，两位将军在快速路 $l$ 上的速度都是 $v_0$，

$v_0 > v_1$,$v_0 > v_2$,他俩想尽快相遇,怎么走?

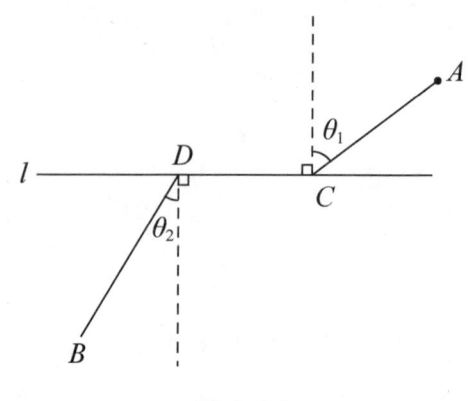

图 6-44

假设此时 $v_0$ 相对于 $v_1$,$v_2$ 非常大,那么由前面的胡不归模型可知,他们都要尽快达到 $l$,此时 $\sin\theta_1 = \dfrac{v_1}{v_0}$,$\sin\theta_2 = \dfrac{v_2}{v_0}$,故 $\dfrac{\sin\theta_1}{v_1} = \dfrac{\sin\theta_2}{v_2} = \dfrac{1}{v_0}$。

随着 $v_0$ 变小,$\theta_1$,$\theta_2$ 两角不断变大,$C$,$D$ 两点不断趋近,直到两点重合,此时意味着,两人没有在快速路 $l$ 上行走,快速路 $l$ 失去了提速价值。但是变化中,$\dfrac{\sin\theta_1}{v_1} = \dfrac{\sin\theta_2}{v_2}$ 仍旧成立。

换一个场景,假设一位将军想最短时间内从点 $A$ 到点 $B$,他在直线 $l$ 上方的速度为 $v_1$,在 $l$ 下方的速度为 $v_2$,在 $l$ 上的速度慢得可以忽略,肯定不能在线 $l$ 上走,那么他的最佳路线和刚刚两人相遇的最佳路线完全一样。

如果把这位将军看作光,把直线 $l$ 上方看作空气,$l$ 下方看作水,根据费马最短时间原理,这就是光的折射问题。我们不仅知道了介质传播速度不同时,折射的入射角和折射角不同,还找出了这两个角与两种介质传播速度之间的定量关系,即 $\dfrac{\sin\theta_1}{v_1}=\dfrac{\sin\theta_2}{v_2}$。

在爱因斯坦的广义相对论中,光已经不沿直线走,而是沿着测地线走。关于这一点,如果读懂了费马原理能更好理解:光永远在选最快路径,这条路到底是不是直线,它不在乎。

最后,给读者们留一个趣题:一个人从点 $O$ 出发,他沿 $x$ 轴走的速度为每小时 5 个单位长度,在 $x$ 轴上方区域行走的速度为每小时 4 个单位长度,在 $x$ 轴下方区域行走的速度为每小时 3 个单位长度,请画出此人 1h 内能到达的最远区域。

【提示】利用胡不归模型讨论,可画出如图 6-45 所示的图象。

图 6-45

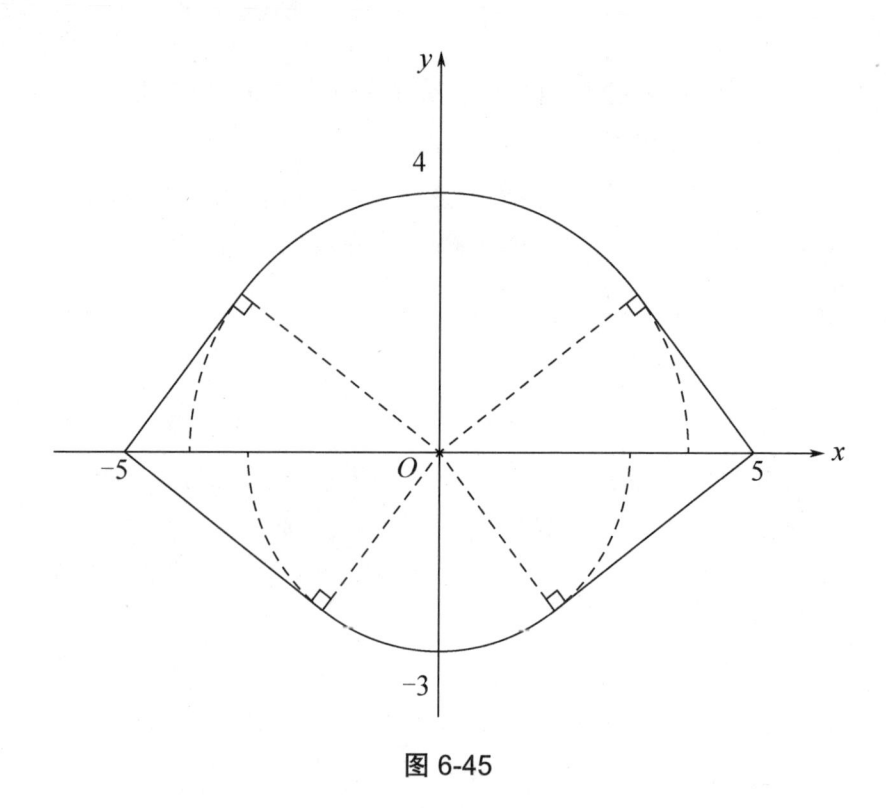

费马（Pierre de Fermat），1601—1665 年，法国人，"业余数学家之王"、"数论之父"。这位"业余"数学家，是概率论的联合创始人，是牛顿亲口承认的微积分引路人。费马解题时不喜欢写过程，留下了很多猜想，成为后人的难题，其中最著名的要数费马大猜想，费马写道："对此命题，有一个十分美妙的证明，但这里空白太小，写不下。"结果这个猜想整整困扰了数学界 358 年，直至 1995 年才由英国数学家安德鲁·怀尔斯（Andrew Wiles）完成证明，把费马大猜想变成了费马大定理。

# 第七章 变换

千举万变,其道一也。

——荀子

## 问题 49　全等变换有哪些？

形状、大小一样，能够完全重合的两个图形叫全等形。保持图形的形状、大小不变，只是移动它的位置，这种变换叫全等变换。全等变换共有三类：平移、轴对称和旋转。

问题 34 已讨论了点的变换（坐标变换），并通过"以点定线"，研究了直线的变换。沿着点、线、形的顺序，我们开始研究形的变换，特别是三角形的全等变换。就像以点定线一样，我们以线定形，尽量简化问题。

研究三角形的全等变换，我们首先明确三角形全等的判定法则："边边边（SSS）"、"边角边（SAS）"、"斜直边（HL）"、"角边角（ASA）"、"角角边（AAS）"。结合三类全等变换运用这五个判定法则，是初中数学中的一个重点、难点。

变换是个动态问题，比较抽象，我们尝试从轨迹的角度看变换，一旦把变换转化为轨迹，动态问题就变成了静态问题，讨论起来就相对容易了。

### 1. 平移

平移三角形时，可以先平移一个顶点，其他两个顶点对应平移过去，整个三角形就平移过去了。一条线段的平移轨迹是一个平行四边形，这是理解平移的关键。

## 第七章 变换

【例1】如图 7-1 所示,在 Rt△ABC 中,其中 $AB > BC$,从边 AB 上取一点 M,使得 $AM = BC$;从边 BC 上取一点 N,使得 $CN = BM$,AN 与 CM 相交于点 P,求 $\angle APM$ 的大小。

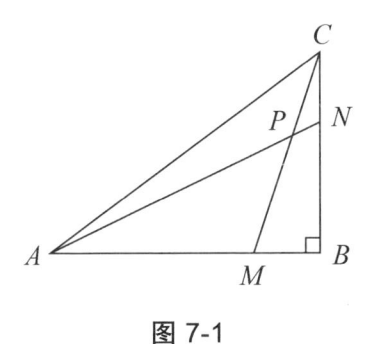

图 7-1

【析】综合分析 $\angle B = 90°$、$AM = BC$、$CN = BM$ 这三个主要条件,既然 $\angle B$,BC,BM 都是 Rt△BMC 中的角和边,那就想办法把条件中尚未用到的 AM,CN 两项用好。

如图 7-2 所示,利用平移,将 NC 平移到 AD 处,平移轨迹 NCDA 是平行四边形,可证 Rt△ADM≌Rt△BMC(SAS),进而可证 △MCD 为等腰直角三角形,$\angle APM = 45°$。

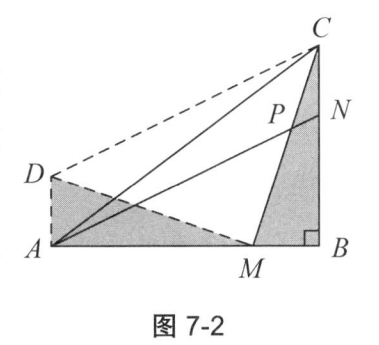

图 7-2

2. 轴对称

轴对称可看作翻折,一条线段的轴对称轨迹往往与等腰三角形（等腰梯形也可延伸为等腰三角形来处理）相关，对称轴就是这个等腰三角形底边上的中线、高线、角平分线（三线合一）。

我们利用轴对称来研究一下垂足三角形的性质。

【例2】在锐角△ABC的三边上各取一点，连接三点可构成△ABC的内接三角形；怎么取点，可使该内接三角形的周长最小？

【析】第一步，在要找的三点都不确定的情况下，可先确定其中一点进行分析。

如图7-3所示，首先在BC边上任取一点P，在给定点P的前提下，寻找另外两条边上的最优点E，F，可用将军饮马模型：将军从点P出发，先后在AB河、AC河各饮马一次，然后返回点P，求最短路线。分别以AB，AC为对称轴，找到对称点$P_1$，$P_2$，连接$P_1P_2$，与AB，AC的交点就是要求的点E，F，此时线段$P_1P_2$的长度就是内接三角形△PEF的周长。

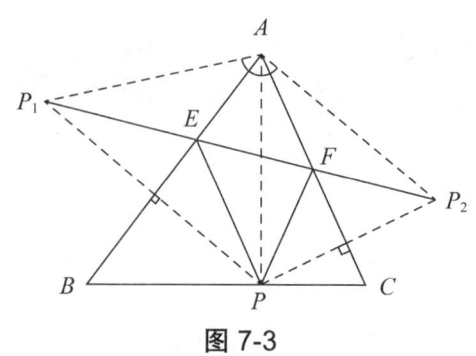

图 7-3

现在的问题是，$P$ 取何点时 $P_1P_2$ 最小？

从等腰 $\triangle AP_1P_2$ 的角度看，因为 $\angle P_1AP_2 = 2\angle BAC$，它是一个定角，而 $AP_1 = AP_2 = AP$，因此 $AP$ 最小时，$P_1P_2$ 最小。$AP$ 什么时候最小呢？当 $AP$ 是底边 $BC$ 的高线时，$AP$ 取最小值。

从圆的角度看，如图 7-4 所示，由中位线性质可知，$P_1P_2 = 2HK$，要想 $P_1P_2$ 取最小值，只须使得 $HK$ 最小即可。因为对角互补，所以 $A$, $H$, $P$, $K$ 四点共圆，$HK$ 是圆上 $\angle A$ 所对的弦，$\angle A$ 固定，则圆越小，弦 $HK$ 越小，而圆的直径是 $AP$，因此 $AP$ 最小时 $P_1P_2$ 最小。当 $AP$ 是底边 $BC$ 的高线时，$AP$ 取最小值。

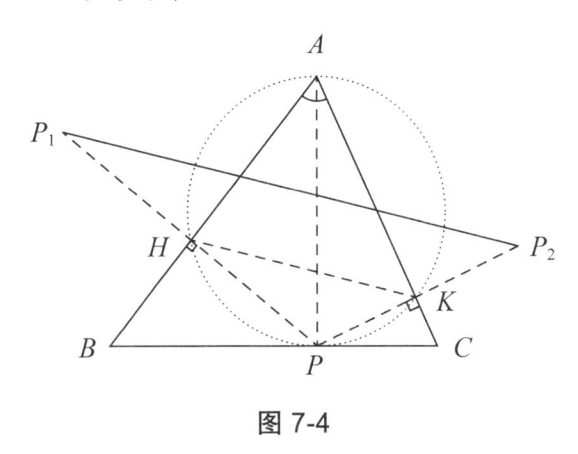

图 7-4

第二步，证明 $\triangle PEF$ 是 $\triangle ABC$ 的垂足三角形。

再回过头来观察图 7-3，在内接三角形 $\triangle PEF$ 中，$P$, $E$, $F$ 三个点的地位一致，故合理猜想点 $E$, $F$ 也应为垂足，接下来我们完成证明。

如图 7-5 所示，因为 $\triangle AP_1P_2$ 为等腰三角形，再利用轴对称，可证四个 $\angle 1$ 都相等；又因为 $AP \perp BC$，再利用轴对称，可得三个 $\angle 2$ 都相等，因此 $E$，$P$，$C$，$P_2$ 四点共圆；而 $CP = CP_2$，根据同圆上"等弦对等角"原理，两个 $\angle 3$ 相等。再利用轴对称证明三个 $\angle 4$ 相等，所以 $\angle 3 + \angle 4 = 90°$，即 $CE \perp AB$。同理可证 $BF \perp AC$，因此 $\triangle PEF$ 为 $\triangle ABC$ 的垂足三角形。

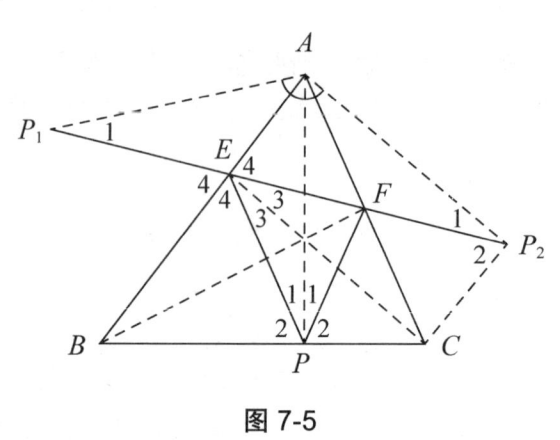

图 7-5

前述证明的整体思路是，先作出周长最小的内接三角形，然后证明它是垂足三角形，正向证明点 $E$，$F$ 为垂足时，关系比较复杂。还可以反其道而行，先作出 $\triangle ABC$ 的垂足三角形 $\triangle PEF$，然后证明其周长最小，即点 $P$ 分别关于 $AB$，$AC$ 的对称点 $P_1$，$P_2$ 在直线 $EF$ 上。

如图 7-6 所示,首先证明,$\triangle ABC$ 上两条高线的四个端点共圆。因为 $\angle AEC = \angle APC$,所以 $A$,$C$,$P$,$E$ 四点共圆。

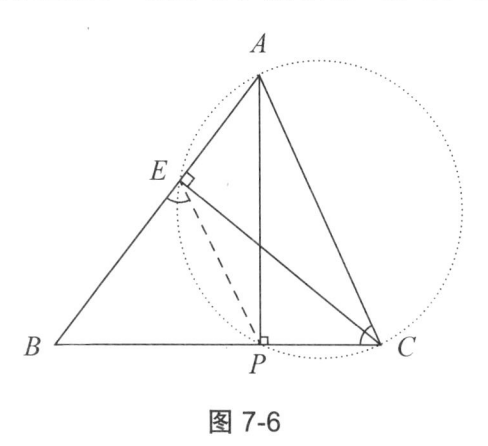

图 7-6

回到图 7-3 中,由 $A$,$C$,$P$,$E$ 四点共圆,可得 $\angle BEP = \angle ACB$。

同理可证,$B$,$C$,$F$,$E$ 四点共圆,可得 $\angle AEF = \angle ACB$。

故 $\angle BEP = \angle AEF = \angle BEP_1$,故点 $P_1$ 在 $EF$ 上。同理可证点 $P_2$ 在 $EF$ 上。

对于本题,第二个反向证明的方法,比第一个正向证明的方法要简捷得多。

## 3. 旋转

旋转的轨迹都与圆相关,研究旋转问题,关键是找到旋转中心,也就是圆心。我们讨论最多的三角形旋转问题,是绕三角形其中一个顶点进行旋转的情况,它有一个形象的名字——"手拉手"模型,如图 7-7 所示。

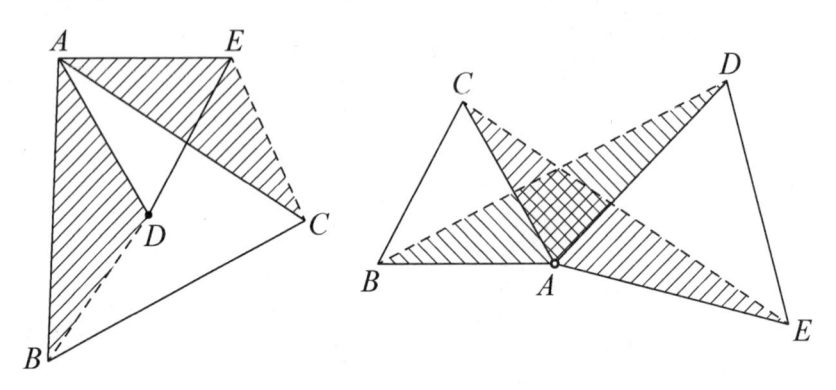

图 7-7

**【例 3】** 如图 7-8 所示,在正方形 $ABCD$ 的边 $BC$ 和 $CD$ 上分别有两个动点 $E$,$F$,$\angle EAF = 45°$,求证:$BE + DF = EF$。

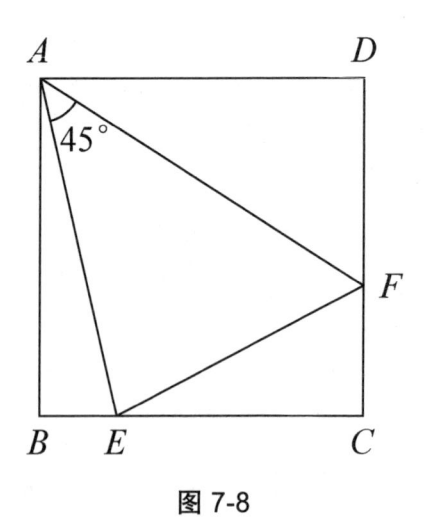

图 7-8

【析】如图 7-9 所示，$\angle BAE + \angle DAF = 45°$，利用旋转将 $\triangle DAF$ 移至 $\triangle BAH$，则 $\angle HAB + \angle BAE = \angle DAF + \angle BAE = 45°$，可证 $\triangle AEH \cong \triangle AEF$（SAS），问题迎刃而解。

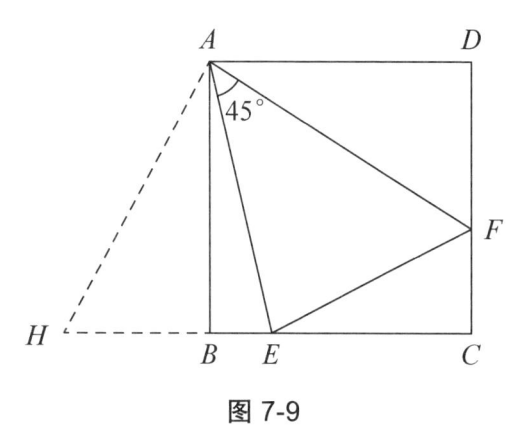

图 7-9

此题隐含的关键条件是 $\angle EAF = \dfrac{1}{2}\angle BAD$，因此这类特殊的手拉手模型，也叫半角模型。

## 问题50 怎么画出费马点?

问题47中,利用椭圆升级后的"将军饮马"模型,我们找到了费马点。现在,利用问题49中的旋转"手拉手"模型,我们来证明这个费马点到三角形三个顶点距离之和最小。

【例1】已知,在$\triangle ABC$内有一点$P$,使得$\angle APB = \angle BPC = \angle CPA = 120°$,求证:点$P$是平面内到$\triangle ABC$三顶点的距离之和最小的点。

【析】如图7-10所示,将$\triangle ACP$逆时针旋转60°为$\triangle AC'P'$,可证$\triangle APP'$为正三角形,则$BP + AP + CP = BP + PP' + P'C' \geq BC'$,当$\angle APB = \angle BPC = \angle CPA = 120°$时取最小值。证明完毕。

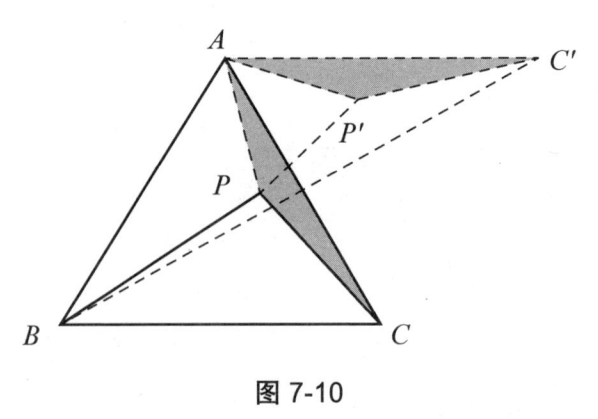

图 7-10

因为 $\angle APB = \angle BPC = \angle CPA = 120°$，所以 $\triangle ABC$ 三个顶角都需小于 $120°$。假设在 $\triangle ABC$ 中，$\angle A \geqslant 120°$，此时费马点在哪里？

首先证明：对任意三角形来说费马点不在 $\triangle ABC$ 的外部。如图 7-11 所示，在图 7-11（a）中，$PA + PB + PC > AB + AC$，因此点 $A$ 优于点 $P$。

在图 7-11（b）中，$PA + PB + PC > P'A + P'B + P'C$，因此点 $P'$ 优于点 $P$。

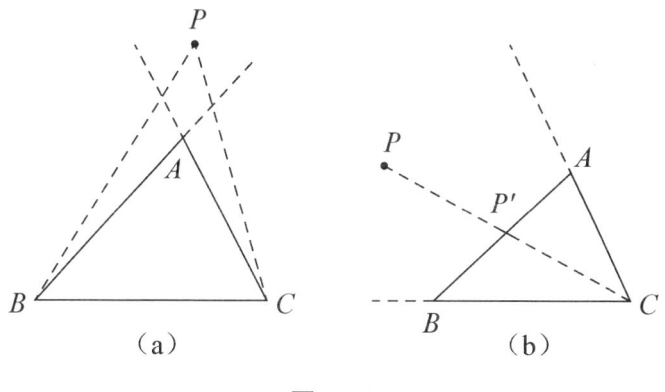

图 7-11

最后证明：当 $\angle A \geqslant 120°$ 时，顶点 $A$ 就是 $\triangle ABC$ 的费马点。

如图 7-12 所示，设点 $P$ 为 $\triangle ABC$ 内部任意一点，连接 $AP$，$AC$，将 $\triangle ACP$ 逆时针旋转 $\alpha$ 到 $\triangle AC'P'$，使得 $B$，$A$，$C'$ 三点共线。因为 $\angle A \geqslant 120°$，所以 $\alpha = 180° - \angle A \leqslant 60°$，在三角形中，大角对大边，所以 $AP \geqslant PP'$。此时，

$BP+AP+CP \geq BP+PP'+P'C' \geq BA+AC'=BC'$，因此 $BC'$ 为 $\triangle ABC$ 的内部（含边界）所有点中到三个顶点距离之和的最小值，而点 $A$ 到三个顶点距离之和就是 $BC'$，因此它就是费马点。

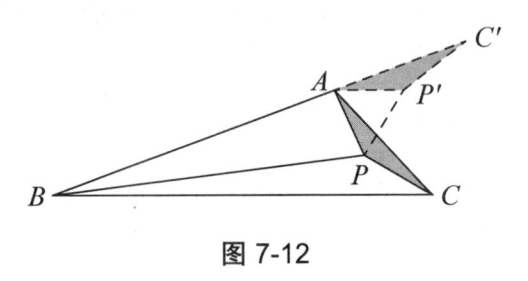

图 7-12

我们已经找到了费马点，并证明了费马点到三角形三个顶点距离之和最小，最后，怎么用尺规作图画出费马点呢？在作图之前，我们先来欣赏一下如何利用旋转来证明拿破仑三角形定理。

【例 2】如图 7-13 所示，分别以 $\triangle ABC$ 的三条边为一条边，作三个正三角形 $\triangle A'BC$，$\triangle AB'C$，$\triangle ABC'$，三个正三角形的中心分别为 $O_1$，$O_2$，$O_3$，求证：$\triangle O_1O_2O_3$ 为正三角形。

【析】利用手拉手模型，可证 $\triangle ABB' \cong \triangle AC'C$（SAS），所以 $BB'=CC'$。

再利用手拉手模型，可证 $\triangle AO_2O_3 \backsim \triangle ACC'$（SAS），所以 $\dfrac{O_2O_3}{CC'}=\dfrac{AO_2}{AC}=\dfrac{1}{\sqrt{3}}$。

同理，可证 $BB' = CC' = AA'$，$O_2O_3 = O_3O_1 = O_1O_2 = \dfrac{CC'}{\sqrt{3}}$，命题得证。

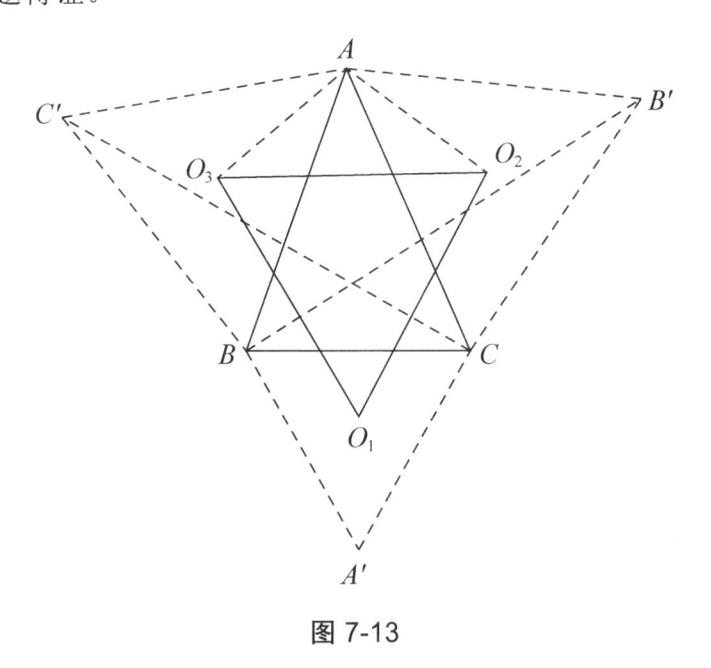

**图 7-13**

我们发现，将拿破仑三角形定理中最初作的三个正三角形，分别作外接圆，如图 7-14 所示，三圆交点竟然就是费马点！按这个思路，任意给一个锐角三角形，你能用尺规作图画出费马点吗？

拿破仑是一位将军，后来还当了皇帝，怎么还研究上数学了，有用吗？有用！拿破仑军队里战斗力最强的就是炮兵，是引领那个时代的新兵种，炮弹的运行轨迹是什么？抛物线！怎么让炮弹飞得最远，打得更准，拿破仑专门开

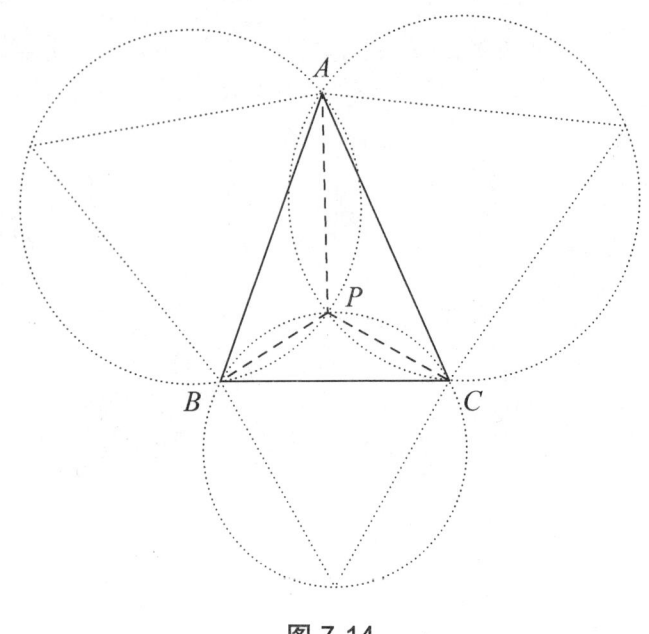

图 7-14

设了"炮兵学院",选用的教材居然包括当时很前沿的偏微分方程和近代物理,这些知识可能不能直接在战场上派上用场,但是这些数理训练加速提升了指挥官们在战场的应变能力,统帅拿破仑也成为一代战神。

拿破仑不仅学数学,还曾在监狱里学习过法律,后来主持编纂了《拿破仑法典》,这是民法典的标杆,也是他一生最大的骄傲,他自己曾说过"我一生中真正的光荣并非是打了 40 多次胜仗,……,但有一样东西不会被人们忘记,它(《拿破仑法典》)将永垂不朽"。拿破仑可谓学以致用的楷模,当我们觉得所学知识百无一用时,换个角度看,可能并非知识无用,它只是在等待更合适的时机绽放光彩。

# 第七章 变换

## 问题 51 地图上存在不动点吗？

假设在桌子上平铺着两幅中国地图，比例完全一样，地图甲较大，地图乙较小。将地图乙完全放在地图甲内部，能否找到一点扎下去，两幅地图上的孔扎在同一地点？两幅地图的关系，可看作把地图甲缩小为地图乙并移动，这是一个相似变换，如果存在这个点，就可认为它是这一变换过程中的不动点，因此这个找点的问题被称作"不动点问题"。

### 1. 相似变换

我们把形状相同的图形叫作相似图形。全等变换要求图形的形状、大小都不能改变，只改变位置，我们放松一下限制，只要求形状不变，大小和位置都可变，这就是相似变换。

参照三角形全等的判定法则，三角形相似的判定法则有"边边边（SSS）"、"边角边（SAS）"、"斜直边（HL）"、"角角（AA）"；三角形全等的判定法则要求对应边相等，三角形相似的判定法则要求对应边成固定比例。

其实我们对于相似并不陌生。一次函数的图象是直线，互相垂直的两条直线的斜率互为负倒数，圆幂定理等，都是利用相似来证明的。

## 2. 不动点问题

现在，我们利用相似来解决不动点问题。

这个问题乍看起来有点复杂，我们想办法简化它，如图 7-15 所示，设地图甲为矩形 $ABCD$，地图乙为矩形 $A'B'C'D'$，假设已经找到了这个不动点 $P$，所谓"不动"可转化为几何语言：$\triangle PAB \sim \triangle PA'B'$。

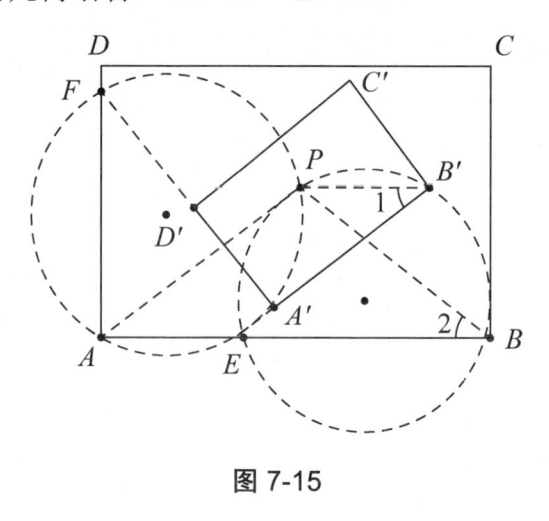

图 7-15

延长 $B'A'$ 交 $AB$ 于点 $E$，由 $\triangle PAB \sim \triangle PA'B'$ 可知，$\angle 1 = \angle 2$，所以 $B, B', P, E$ 四点共圆；同理可证 $A, A', P, E$ 四点共圆。也就是说，点 $P$ 同时在圆 $BB'E$ 和圆 $AA'E$ 上，只须分别作 $\triangle BB'E$ 和 $\triangle AA'E$ 的外接圆，两圆的交点就是所求的不动点 $P$。

有一种特殊情况，$AB$ 和 $A'B'$ 所在直线没有交点，也

就是 $AB // A'B'$ 时,此时利用 $\triangle PAB \backsim \triangle PA'B'$,直接找 $AA'$ 和 $BB'$ 的交点,就能找到不动点 $P$。

### 3. 另类的不动点问题

如图 7-16 所示,平面直角坐标系上有两点 $A(0, 6)$,$B(4, 0)$,圆 $O$ 的半径为 2,其上有一动点 $P$,求 $PA+\dfrac{1}{2}PB$ 的最小值。

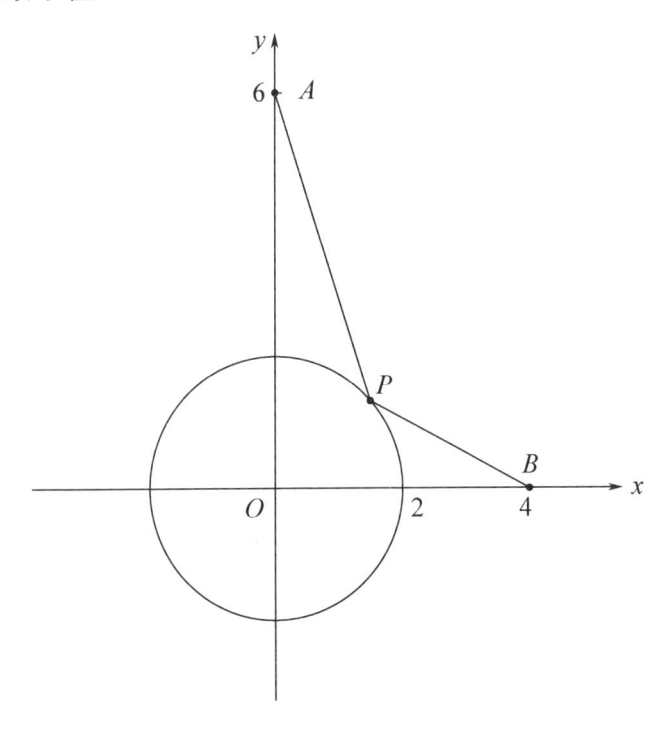

图 7-16

【析】题目中,$\dfrac{1}{2}$ 显得很突兀,这是个特殊信号,怎用好它呢？参考不动点的想法，能否找到一个定点 $C$，无论点 $P$ 怎么动，使得 $PC = \frac{1}{2}PB$ 恒成立，这样就可将难处理的 $PA + \frac{1}{2}PB$ 转化为易处理的 $PA + PC$。

我们来尝试找到这个点 $C$。既然点 $P$ 为动点，那就让它动起来，取两个特殊值，当点 $P$ 分别移动到 $(-2, 0)$，$(2, 0)$ 时，如图 7-17 所示，两种情况下同时满足 $PC = \frac{1}{2}PB$ 的，只有 $(1, 0)$ 一点。

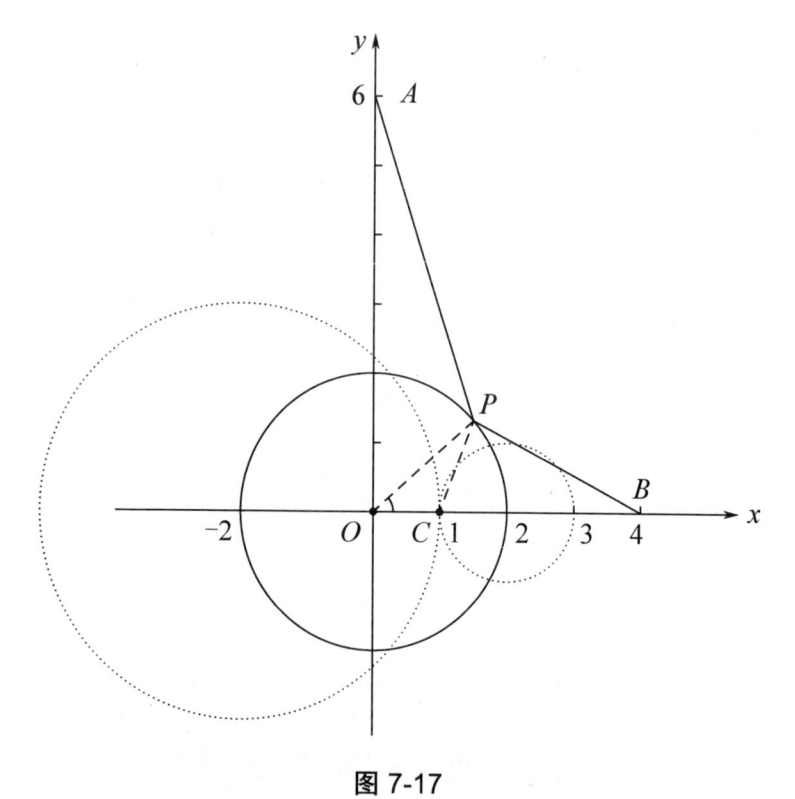

图 7-17

接下来，我们来证明点 $C(1, 0)$ 就是要找的不动点。在圆 $O$ 上有任取一点 $P$，由 $\triangle OPB \backsim \triangle OCP$（SAS）得，$\dfrac{PC}{BP}=\dfrac{OC}{OP}=\dfrac{1}{2}$，即无论点 $P$ 怎么动，$PC=\dfrac{1}{2}PB$ 恒成立。$PA+\dfrac{1}{2}PB$ 的最小值等于 $PA+PC$ 的最小值，等于 $\sqrt{37}$。

当然，本题能找到不动点是一个巧合，背后的原因是点 $P$ 的运动轨迹所在圆符合"阿氏圆"的特征。到两点距离成固定比例的点的轨迹是圆，这种方法确定的圆叫"阿波罗尼斯圆"或"阿氏圆"。在本题中，动点 $P$ 到点 $B$ 和点 $C$ 的距离之比固定为 $2$，它的轨迹圆 $O$ 就是一个阿氏圆，题中告知了点 $B$ 和阿氏圆，我们找的不动点就是点 $C$。

## 问题52 所有抛物线都相似吗?

"我们把形状相同的图形叫作相似图形。"在这个描述性定义的基础上,我们用更严谨的数学语言来定义相似:平面上一个图形变换成另一个图形,如果原图形上任意两点 $P$, $Q$,与变换后在新图形中对应的两点 $P'$, $Q'$,四点满足 $\dfrac{|P'Q'|}{|PQ|}=k$ ($k$ 为非零常数),则称这个变换为相似变换,简称相似。我们把 $k$ 叫作相似比,当 $k=1$ 时,这个相似变换就是全等变换。

如果平面上存在一点 $O$,使得原图形上任意一点 $P$,与变换后新图形中对应的一点 $P'$,三点满足 $\dfrac{|OP'|}{|OP|}$ 为非零常数,则称这一变换为位似变换,称点 $O$ 为位似中心。

全等变换与位似变换,都是特殊的相似变换。

明确了相似的定义后,我们来证明命题:在平面直角坐标系上,抛物线 $g_1$: $y=x^2$ 与抛物线 $g_2$: $y=ax^2$ ($a>0$ 且 $a\neq 1$)相似。

【证】抛物线 $g_1$: $y=x^2$ 的焦点为 $P_1\left(0,\dfrac{1}{4}\right)$,准线为 $l_1$: $y=-\dfrac{1}{4}$;抛物线 $g_2$: $y=ax^2$ 的焦点为 $P_2\left(0,\dfrac{1}{4a}\right)$,准线

为 $l_2$: $y = -\dfrac{1}{4a}$。

如图 7-18 所示，平移抛物线 $g_2$，使得焦点 $P_2$ 与抛物线 $g_1$ 的焦点 $P_1$ 重合。

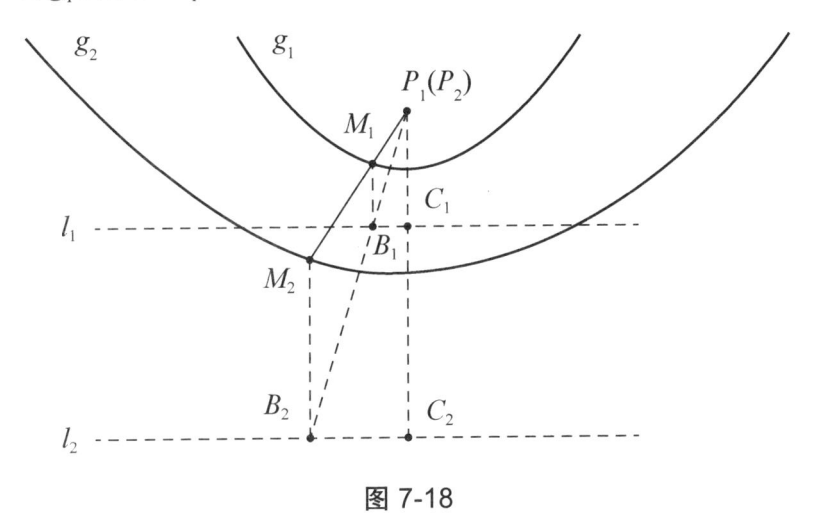

图 7-18

在抛物线 $g_1$ 上任取一点 $M_1$，连接 $P_1M_1$，直线 $P_1M_1$ 与抛物线 $g_2$ 交于点 $M_2$。

过点 $M_1$ 作准线 $l_1$ 的垂线，交 $l_1$ 于点 $B_1$；过点 $M_2$ 作准线 $l_2$ 的垂线，交 $l_2$ 于点 $B_2$。

因为 $l_1 // l_2$，所以 $M_1B_1 // M_2B_2$，所以 $\angle P_1M_1B_1 = \angle P_1M_2B_2$。

由抛物线定义可知，$P_1M_1 = M_1B_1$，$P_1M_2 = M_2B_2$。

因此，$\triangle P_1M_1B_1 \backsim \triangle P_1M_2B_2$（SAS），所以

$$\dfrac{P_1M_1}{P_1M_2} = \dfrac{P_1B_1}{P_1B_2} \qquad ①$$

且 $\angle M_1P_1B_1 = \angle M_2P_1B_2$  ②

由②式可证，$P_1$，$B_1$，$B_2$ 三点共线。

过点 $P_1$ 作准线 $l_1$ 的垂线，交 $l_1$ 于点 $C_1$，交 $l_2$ 于点 $C_2$。

因为 $\triangle P_1B_1C_1 \backsim \triangle P_1B_2C_2$（AA），所以

$$\frac{P_1B_1}{P_1B_2} = \frac{P_1C_1}{P_1C_2} = \frac{\frac{1}{2}}{\frac{1}{2a}} = a$$

由①式得，$\dfrac{P_1M_1}{P_1M_2} = a$。

同理，如图 7-19 所示，在抛物线 $g_1$ 上再任取一点 $N_1$，连接 $P_1N_1$，直线 $P_1N_1$ 与抛物线 $g_2$ 交于点 $N_2$，可证 $\dfrac{P_1N_1}{P_1N_2} = \dfrac{P_1M_1}{P_1M_2} = a$。

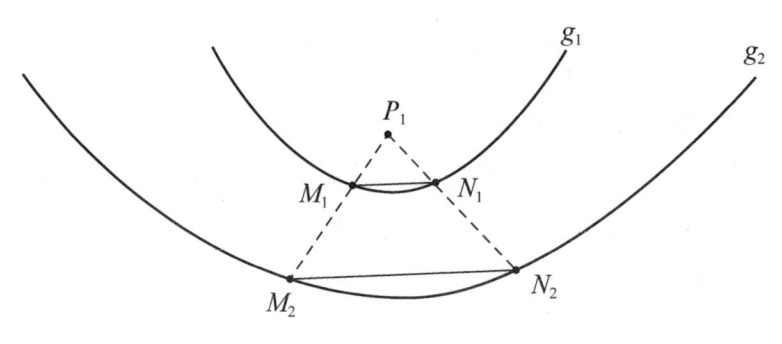

图 7-19

又因为 $\angle M_1P_1N_1 = \angle M_2P_1N_2$，所以 $\triangle P_1M_1N_1 \backsim \triangle P_1M_2N_2$

（SAS），所以 $\dfrac{M_1N_1}{M_2N_2}=\dfrac{P_1M_1}{P_1M_2}=a$，根据相似的定义可知，抛物线 $g_1$ 与抛物线 $g_2$ 相似。证明完毕。

由上述证明可知，此时两条抛物线不仅相似，而且位似，位似中心为点 $P_1$。

将抛物线 $g_2$：$y=ax^2$ 中的系数 $a$ 范围扩大，当 $a<0$ 时，抛物线 $g_2$ 仍与抛物线 $g_1$ 相似；变换抛物线 $g_2$ 的位置，得到的新抛物线 $g_3$：$y=a(x-k)^2+h$ 仍与抛物线 $g_1$ 相似；综上所述，所有的抛物线都与抛物线 $g_1$ 相似，即所有的抛物线都相似，它们的形状都是一样的。

这些抛物线展现出来的开口方向、开口大小各不相同，但如果把它们的焦点重合起来，就可以发现并证明它们的形状原来是一样的。

找到关键位置来观察图形，往往能发现解题的重要线索，例如，抛物线和椭圆的焦点、圆的圆心等，都是关键位置。观察视角会对一个问题的理解产生重要影响，我们要尽量尝试从更多角度去看问题。

# 问题53　可以用尺规来做运算吗？

《孟子》有云，"不以规矩，不能成方圆"。"规"是画圆的工具，又称圆规；"矩"是画方的工具，所以长方形也称矩形。尺规作图，就是只用圆规和一根无刻度的直尺来作图，这是个几何方法，它能用来进行加减乘除运算吗？

## 1. 尺规作图基本功

我们从尺规作图的三大基本功（作平行线、作垂线、作角平分线）中选作平行线为例，练习一下尺规作图的基本步骤。

如图 7-20 所示，过点 $A$ 可作直线 $l$ 的平行线。① 以点 $A$ 为圆心作圆，只要保证圆的半径大于点 $A$ 到直线 $l$ 的距离，圆即可与直线 $l$ 相交，记两个交点分别为点 $B$，$C$；② 分别以点 $A$ 为圆心、$BC$ 为半径作圆，以点 $C$ 为圆心、$CA$ 为半径作圆，两圆相交于点 $D$；③ 连接点 $A$, $D$，所成直线即所求。

为什么这样作图就可以作出直线 $l$ 的平行线呢？其实这是运用了三角形全等的判定法则，因为 $\triangle ABC \cong \triangle CDA$（SSS），所以 $\angle ACB = \angle CAD$，内错角相等，两直线平行。

第七章　变换

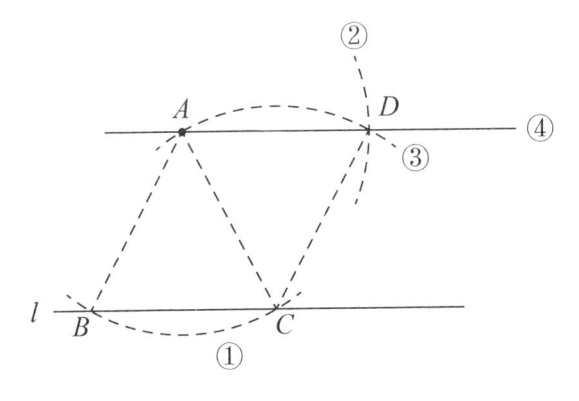

图 7-20

作垂线、作角平分线背后，也都运用了三角形全等判定中的"边边边（SSS）"法则，你知道这是为什么吗？

作为基本功训练，给读者朋友留一道经典的尺规作图题目：平面上任给一条线段 $AB$，（1）求作使 $\triangle ABC$ 为直角三角形的点 $C$ 的轨迹；（2）求作使 $\triangle ABC$ 为等腰三角形的点 $C$ 的轨迹。

【提示】本题的第一个目的是加深对特殊三角形性质和尺规作图方法的理解，作直角三角形可利用"直径对直角"法则，作等腰三角形可利用作中垂线的方法；第二个目的是训练有序思考的能力，题（1）中，点 $A$，$B$，$C$ 都可作为直角三角形的直角顶点，题（2）中，点 $A$，$B$，$C$ 都可作为等腰三角形的顶角顶点。

## 2. 用尺规作图来做运算

掌握了尺规作图基本功，我们就可以用尺规作图的方法来实现加、减、乘、除、开平方等运算。

（1）加与减。如图 7-21 所示，给定长度分别为 $a$，$b$ 的两条线段，要做加法"$a+b$"，只须先将线段 $a$ 无限延长，然后任选线段 $a$ 的一个端点为圆心，以 $b$ 为半径作圆，即可取得长度为 $a+b$ 的线段。类似的方法，也可以实现减法"$b-a$"。

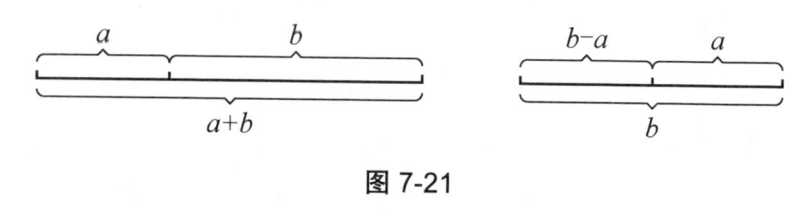

图 7-21

（2）乘与除。如图 7-22 所示，给定长度分别为 1，$a$，$b$ 的三条线段，要做乘法"$a \cdot b$"，利用尺规作图作平行线，即可取得长度为 $a \cdot b$ 的线段。类似的方法，可以实现除法"$b \div a$"。

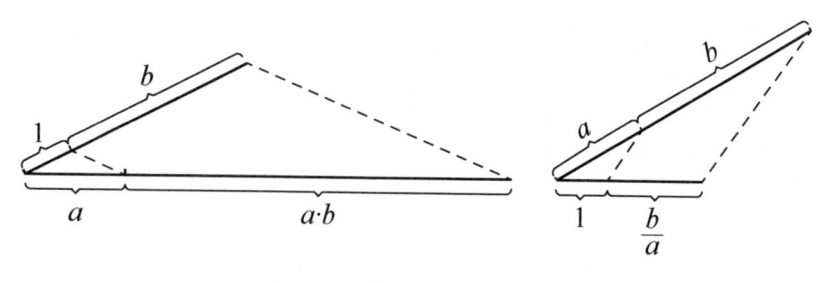

图 7-22

（3）开平方。如图 7-23 所示，给定长度分别为 $a$，$b$ 的两条线段，先做加法" $a+b$ "，然后以长度为 $a+b$ 的线段为直径作圆，过线段 $a$ 和 $b$ 的公共端点作线段 $a$ 的垂线，与圆相交，连接交点和公共端点，即可取得长度为 $\sqrt{a \cdot b}$ 的线段。

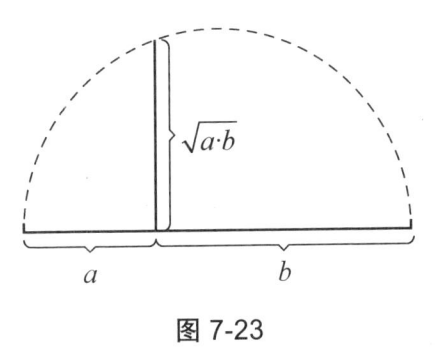

图 7-23

古希腊时代，数学家就已经实现了尺规作图与运算的对应，欧几里得甚至在《几何原本》中用作图法代替运算，讨论了很多数论问题，像问题 14 中关于"质数无穷多"的证明就是其中之一。

# 问题 54　数学之王怎么研究问题？

欧拉（L'onard Euler），1707—1783 年，生于瑞士，卒于沙俄，号称"数学之王"。欧拉堪称宝藏数学家，在他的 70 卷作品合集中，几乎对每个数学领域都有贡献，只要学数学，就总会与他不期而遇。欧拉恒等式 $e^{i\pi}+1=0$，简洁、重要、优美，堪称数学的完美代言，媲美 $E=mc^2$ 在物理学中的地位。欧拉最让人敬佩之处，是其一生对数学的热爱。虽然年近花甲又双目失明，欧拉在衰老又黑暗的 17 年中，仍孜孜不倦地攻克数学难题，解决了令牛顿头疼的月离问题等一系列难题，直至生命终结。

作为本书的最后一节，我们来看看伟大的"数学之王"是怎么研究问题的。

## 1. 七桥问题

欧拉曾经遇到一个趣题：柯尼斯堡城被普雷格尔河分成 4 个区域，如图 7-24 所示，河上共有 7 座桥，居民们有个趣味挑战：谁能设计一条路线，穿越 7 座桥，并保证每座桥只走一次。本来这是一个小问题，因为欧拉的加入变成了数学史上鼎鼎大名的"柯尼斯堡七桥问题"。欧拉解决好了如下三个问题，在七桥问题上充分地展现了他的才华。

（1）如果我做不到，能否证明问题不可解？
（2）能否把这个问题简化？
（3）能否推广这个方法？

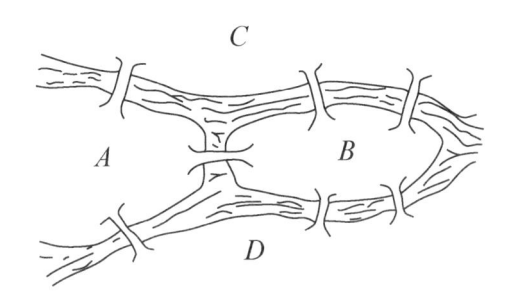

图 7-24

欧拉尝试寻找方案失败后，转向了问题（1），并成功证明了七桥挑战不可能实现。他的办法就是采取了问题（2）的思路，做了如图 7-25 所示的简化图：把 4 个区域简化为 4 个点，并分别标注了 $A$，$B$，$C$，$D$，让 7 座桥变成了 7 条连线。

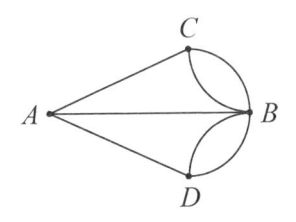

图 7-25

欧拉发现，如果想每座桥只走一次，那么中间经过的点需要连接偶数条线，这个点才能做到一线进、一线出，而如果一点连接奇数条线，其中必有一条线落单，使得这个点成为有进无出的"死胡同",要想一次性穿过,连接奇数条线的点只能作为起点或终点;而 $A$, $B$, $C$, $D$ 四点都连接了奇数条线,因此任务不可能实现。

这也是小学时判断图形能否一笔画的方法。如图 7-26 所示的两个图形,能否一笔画完,如果可以,请给方案;如果不能,最少需几笔才能完成?

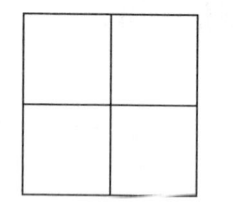

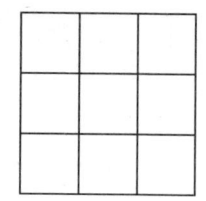

图 7-26

### 2. 欧拉网络公式

欧拉并未止步于此,他继续讨论问题(3)——能否推广这个方法?他将七桥问题抽象为网络问题,经过几步推导就给出了著名的欧拉网络公式:

$$V + F - E = 1$$

其中, $V$ ——平面上交点的个数;

$F$ ——围起来的面/区域个数;

$E$ ——连线的条数。

对于单点情形, $V=1$, $F=E=0$,公式正确。

在单点基础上增加一条线,要么增加一个面,如图 7-27

# 第七章 变换

（a）所示，要么增加一个点，如图 7-27（b）所示，公式保持正确。继续增加线，逐步构建网络，每增加一条线，要么增加一个面，要么增加一个点，因此公式永远正确。

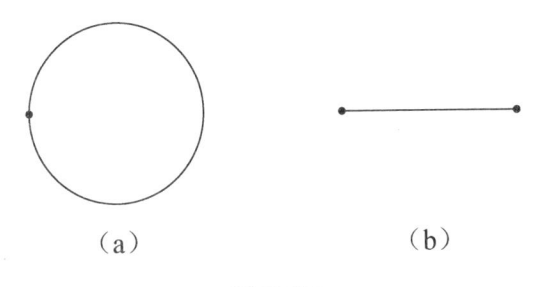

图 7-27

这个公式对于二维平面的所有网络都适用。继续推广，三维空间也符合类似规则：

$$V + F - E = 2$$

这个公式被称作欧拉多面体公式。公式的证明只需要一步，拆掉其中一个面，此时还有（$F-1$）个面；然后把剩下的点、线、面拍到一个平面上，所有的关系没变，三维问题变成了二维问题，直接套用二维的欧拉网络公式，即 $V+(F-1)-E=1$，变形即 $V+F-E=2$。

以立方体为例，在拆掉第一个面后，如果我们继续拆下去，发现之后每拆一条棱，都会对应拆掉一个面或一个顶点，直到只剩最后一条棱，此时没有面了，还剩两个顶点；全部拆完，发现拆掉的面和顶点的总数比拆掉的棱数多 2，因此立方体是符合欧拉多面体公式的。

### 3. 正多面体问题

利用欧拉多面体公式,用初等方法就可以推导出:正多面体只有 5 种。

假设这个正多面体是 $F$ 面体,其中每个顶点有 $m$ 个面,每个面是 $n$ 边形:

一个面有 $n$ 个点,一个点连着 $m$ 个面,因此,面与顶点的关系为 $V = \dfrac{Fn}{m}$。

一个面有 $n$ 条棱,一条棱连着 2 个面,因此,面与棱的关系为 $E = \dfrac{Fn}{2}$。

将 $V = \dfrac{Fn}{m}$ 和 $E = \dfrac{Fn}{2}$ 代入欧拉多面体公式 $V + F - E = 2$,可得 $\dfrac{Fn}{m} + F - \dfrac{Fn}{2} = 2$,整理为

$$F(2n + 2m - mn) = 4m \quad ①$$

由图形非负性得,$2n + 2m - mn > 0$,则 $mn - 2n - 2m < 0$,即

$$(m-2)(n-2) < 4$$

$m$ 和 $n$ 都是不小于 3 的正整数,因此,$m$ 和 $n$ 必有一个须为 3,进而推导出不同的情形,代回①式可求多面体的情况如表 7-1 所示。

# 第七章 变换

表 7-1

| 每个顶点有 $m$ 个面 | 每个面是 $n$ 边形 | 正 $F$ 面体 | $V$ 个顶点 | $E$ 条棱 |
|---|---|---|---|---|
| 3 | 3 | 4 | 4 | 6 |
| 3 | 4 | 6 | 8 | 12 |
| 4 | 3 | 8 | 6 | 12 |
| 3 | 5 | 12 | 20 | 30 |
| 5 | 3 | 20 | 12 | 30 |

我们尝试把这些三维图形摘掉一个面，拍到平面上，可以拍出如表 7-2 所示的"拓扑视角"效果，这个图可以更直观地展现出正多面体的点、棱、面的关系。如果再加一点想象力，牵住其中一点将这个平面图形拉起来，最外侧的圆/正方形变回被摘掉的面，这个立体图形就重新出现了。

表 7-2

| | 立体视角 | 拓扑视角 |
|---|---|---|
| 正4面体 | | |
| 正6面体 | | |

| | 立体视角 | 拓扑视角 |
|---|---|---|
| 正8面体 | | |
| 正12面体 | | |
| 正20面体 | | |

## 4. 拓扑

欧拉的两个公式，不考虑几何图形的具体形状，只考

第七章 变换

虑它们最一般的共性。这种思考方式，启发了拓扑几何的建立。什么是拓扑？就是研究几何图形或空间在连续改变形状后还能保持不变的一些性质，经得起折腾的性质才是最根本的性质。

拓扑的思想，在现实中一个很常见的应用就是地铁图，如图 7-28 所示，它的绘制没有像常规地图那样与现实严格相似，而是只关注真正有用的信息——节点和换乘，看似失真，却给使用者带来更直观的效果。

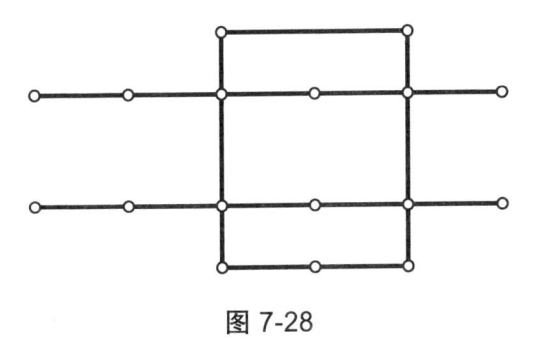

图 7-28

### 5．一个小趣题

欧拉网络公式中用到的这个"拆"字诀，不仅能解决上述经典问题，也能移花接木解决一些儿童趣题。

【例 1】如图 7-29 所示，每一小段线段表示一根火柴棒，把拆掉图中的所有正方形作为一个任务，要完成这个任务，最少需要拆几根火柴棒？为什么少拆一根就不能完成任务？

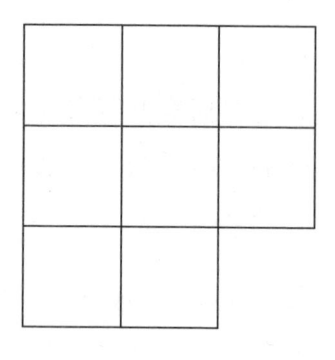

图 7-29

**【析】** 图中共有 11 个正方形, 每一根火柴棒关联的正方形数量如图 7-30 所示。

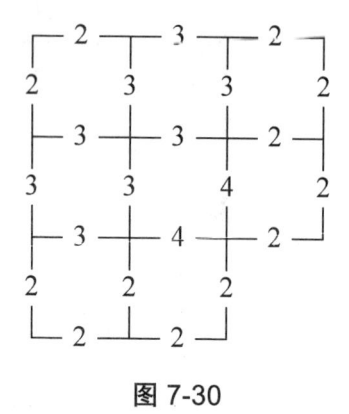

图 7-30

给三种火柴棒分别起名 A, B, C, D 型, 如表 7-3 所示。

表 7-3

| 型号 | A 型 | B 型 | C 型 | D 型 |
|---|---|---|---|---|
| 关联正方形个数/个 | 4 | 3 | 2 | 1 |
| 初始数量/根 | 2 | 8 | 12 | 0 |

## 第七章 变换

理论上来说，拆 3 根火柴棒最多可以拆掉 4+4+3=11（个）正方形，但其中的 2 根 A 型火柴棒关联着共同的正方形，因此同时拆它俩的情况下，不可能拆掉 11 个正方形。

拆 4 根火柴棒最多可以拆掉 4+4+3+3=14（个）正方形，我们重点讨论这种情况。

假设拆掉一根 A 型棒，此时，对应拆掉 4 个正方形，其他火柴棒关联正方形的数量情况变成如图 7-31 所示的情况。此时还需拆 11-4=7（个）正方形，而 B 型棒却仅剩 1 根，要想 3 次拆完，必须拆它；而拆完它，我们遗憾地发现，要拆剩下的 7-3=4（个）正方形，C 型棒只剩 2 根，而这 2 根还关联着共同的正方形，同时拆它俩只能拆掉 3 个正方形。任务失败。

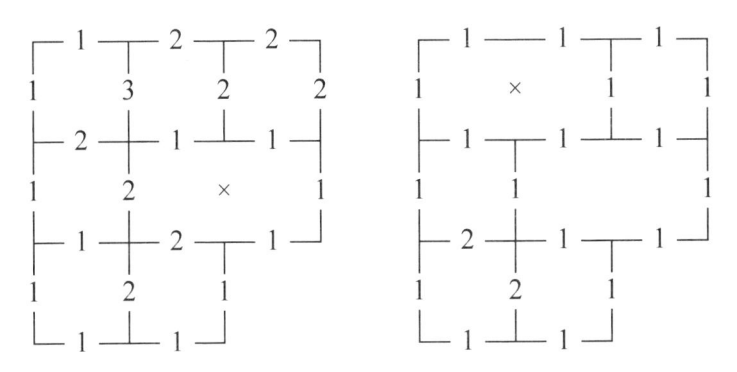

图 7-31

同样的原理可以证明，拆另一根 A 型棒不能完成任务，不拆 A 型棒只拆 4 根 B 型棒、拆 3 根 B 型棒+1 根 C 型棒，都不能完成任务。所以，拆 4 根火柴棒不可能完成任务。

拆5根火柴棒有多种方法可以完成任务,读者朋友们可以试一下。

## 6. 构建模型思想

欧拉解决七桥问题时所展现的这种简化问题的处理方式,是重要的数学精神。经常有人举水池一边注水一边放水的例子来嘲笑数学脱离实际,既然放水,为什么不能把注水那头关掉?其实这个问题有很强的现实场景,比如水坝在城市抗洪时的目标是放水,那注入的暴雨我们想关就能关掉么?如果直接以水坝为题目,数量级太大难以理解,反而干扰小学生的思考。还有很多问题,小到个人体重的一增一减、一家的一收一支,大到一国人口的一生一死、外汇的一进一出,本质都是注水—放水问题,不胜枚举。

华罗庚先生提倡"退"字诀:"遇到复杂的问题要善于"退",足够地"退","退"到最原始而不失去重要性的地方",这就是数学的模型思想。从这个意义上来说,水池问题"退"得很到位,以最原始、最直观的方式展现出了问题的内核,不懂其良苦用心而对其冷嘲热讽,很可能是没领悟到这背后的数学精神。

康托尔曾说过,"数学的本质在于它的自由。"希望读者们和我能一起践行数学的精神,独立思考,乐于挑战,逻辑严密,畅想自由。吾辈共勉。